이 책은 지금까지의 영어교수·학습에 대한 비판적인 인식에서 비롯된다.

알쏭 달쏭 영문법 ④

정확하고 확실하게 배우는 영문법!
일상생활에서 활용되는
고급영어 마스터!

도서출판 가람

저자 **서용득**(徐龍得)
SUH, Yong-deuk

현재 경상대학교 영어교육과 교수
경상대학교 사범대학 영어교육과(문학사)
고려대학교 대학원 영어영문학과(문학석사)
고려대학교 대학원 영어영문학과(문학박사)
미국 The University of Wisconsin at Madison 교환교수
영국 The University of Sheffield 교환교수

『Intensive Laboratory English』(신아사, 1994)
『영어듣기와 말하기 이해의 지름길』(인터비젼, 1998)
『영어드라마 활용의 길』(인터비젼, 1998)
『영미 드라마 즐기기』(인터비젼, 1999)
『영어드라마 활용의 이론과 실제』(인터비젼, 2001)
『Easy Grammar 사귀기』(인터비젼, 2006)
『Easy Grammar 놀기』(인터비젼, 2006)
『별 것 아닌 영어발음』(인터비젼, 2006)
『차와 드라마 마주 앉다』(인터비젼, 2007)
『영어발음 별 건가요?』(인터비젼, 2007)
『영어 영재를 어떻게 선발할 것인가?』(인터비젼, 2009)
『영문학을 활용한 영어교육』(인터비젼, 2009)
『TOEIC의 정석』(컴퍼스미디어, 2011)
『33가지 알짜영어 맛보기: 문법편』(영출판사, 2011)
『33가지 알짜영어 맛보기: 어휘편』(영출판사, 2012)
『영어교육과 문화 나들이』(경상대학교출판부, 2012)
『TOEIC 어휘, 1,000 이것만 하면 된다!』(영출판사, 2012)
『33가지 알짜영어: 문법편』(영출판사, 2012)
『33가지 알짜영어: 어휘편』(영출판사, 2012)
『Jumping on TOEIC Stage』(JRM, 2013)
『33가지 기초 영문법 노트』(영출판사, 2013)
『33가지 마인드 맵 영문법』(영출판사, 2013)
『누구나 영어발음 잘 할 수 있다!』(영출판사, 2014)
『영문법 에세이: 문장 제대로 파악하기』(영출판사, 2014)
『영문법 에세이: 동사의 친 · 인척과 함께』(영출판사, 2014)
『알쏭 달쏭 영문법 ①』(영출판사, 2014)
『The TOEIC Winner』(JRM, 2015)
『영문법 에세이: 명사와 친 · 인척과 함께』(영출판사, 2015)
『영문법 에세이: 우리 모두 모여 파티를』(영출판사, 2015)
『알쏭 달쏭 영문법 ②』(영출판사, 2015)
『알쏭 달쏭 영문법 ③』(영출판사, 2015)
『알쏭 달쏭 영문법 ⑤』(영출판사, 2016) 등 책 여러 권 출간

들어가면서

영문법의 성은 견고한가? 영문법의 세계는 아름다운가? 영문법이 영어를 공부하는 우리들에게 어떤 도움을 주는가? 더 나아가 우리는 왜 영문법에 관심을 가져야 하는가에 대한 근본적인 물음과 적절한 답이 없이 우리나라에서 영어를 가르치는 사람이나 영어 학습지들은 길을 잃고 헤매고 있는 것은 아닐까? 영문법의 길을 잃은 나그네에게 길을 안내해준다는 사람들은 너무 많은데, 과연 얼마나 영어 학습자가 제대로 된 길을 찾아갈 수 있도록 안내하는 지에 대한 궁금증이 일어난다.

공부는 왜 하는가? 영어공부는 왜 하는가? 영문법 공부는 왜 하는가에 대한 물음이 없이 우리는 자신도 알 수 없는 세계 속으로 계속 빠져들고 있는 것은 아닌지…

지금까지 우리 영어교육 현장에서 영어를 가르치는 사람들에 의해 무시되어 왔거나 무관심의 영역에 있었던 문법 개념들에 대한 제대로 된 이해를 도모하기 위해 이 책은 마련되었다. 그런 생각들을 영문법의 항목과 연관 지어 보려는 시도를 해보았다. 영어교육·학습과 관련된 수많은 연구에 따르면 우리나라의 영어 학습자들이 가장 어려워하는 부분은 영문법이라고 한다. 영어를 가르치는 사람이나 영어 학습자가 영문법의 개념을 먼저 제대로 이해하고 영문법 항목의 종류 및 쓰임새를 가르치고 배워야 할 것이다.

영어를 가르치는 사람은 먼저 인간으로서 영어 학습자를 먼저 생각할 수 있어야 한다. 요즘 흔한 말로 수요자 중심 또는 학습자 중심의 영어 교수·학습이 이루어지려면 어떻게 해야 할 것인가? 그러니까 우리들의 영어 교수·학습의 밑바탕에 휴머니즘(humanism)이 있지 않으면 인간의 삶에 대한 후회는 뒤따르게 마련이다. 사람을 소중하게 생각하고, 영어 학습자가 먼저라는 생각에서 영어교육은 출발해야 한다. 그렇게 된다면 영어교육 현장은 엄청난 변화를 가져오게 될 것이다. 따라서 영어교수·학습이 인간을 먼저 생각하는 영어교육이 되어야 하고, 그러기 위해서 영어 학습자의 삶에 순기능 역할을 할 수 있도록 하고 긍정적인 도움을 주고 영향을 끼칠 수 있도록 해야 한다.

영어교육과 관련된 수많은 논문들이 우리나라 영어교육 현장을 보다 더 나은 방향으로 나아갈 수 있도록 얼마나 기여하는지에 대한 비판적 성찰도 우리에게 필요할 것이다. 혹시 우리나라 영어 교육은 정치적인 힘의 논리에 이끌려온 것은 아닌지에 대한 진지한 반성도 해 볼 필요가 있을 것이다. 그리고 우리나라에서는 영어가 제 이 언어가 아닌 외국어로서의 영어를 왜 공부해야 하는가라는 근본적인 물음부터 던지지 않을 수 없다. 영어가 먼저가 아닌 사람이 먼저라는 생각에서 영어 가르침은 시작되어야 한다. 그렇게 하려면 영어의 교수·학습의 목표에 대한 비판적 성찰이 있어야 하고, 영어를 가르치는 방법과 목적이 많이 달라져야 할 것이다.

지금까지 우리는 여러 가지 문법 항목에 관해 무비판적으로 받아들이고 있는 것들이 알쏭달쏭하다고 할 수도 있고, 무감각하다고 할 수도 있고, 그냥 문법 항목의 차이점이 어디에 있는지 모를 수도 있다는 생각이 든다. 이 책에서는 우리들에게 어쩌면 무감각하게 지나쳐 버렸거나 지나치고 있는 문법 항목들을 보다 더 심층적으로 들여다보면서 설명을 하고 있다. 그러니까 각 장의 처음에 관련된 문법 항목의 기본 개념을 제시하면서 미묘한 뜻의 차이와 쓰임새의 차이를 나타내는 영문법 항목을 제시하고 있다. 영어를 가르치는 사람이나 영어 학습자가 조금만 더 생각해 보면 궁금하게 생각되는 문법 항목들에 대한 관심과 호기심에서 비롯되었다.

일단 문법 항목은 기본적으로 우리나라에서 같다고 학습 현장에서 설명하는 영어 표현들이 사실상 같지 않은 경우나 자주 쓰이면서 그 다양성을 이해하지 못하고 있는 영어 쓰임새의 현장을 보다 더 깊이 들여다 보았다. 그 현장에 들어가 보면 정말 묘한 느낌이 들게 될 것이다. 각 항목과 관련된 내용을 먼저 간단히 제시하고 제시된 항목들에 대한 구체적인 설명을 하고 그 예들을 들고 있다. 이 책이 우리들에게 외국어로서의 영어에 대한 올바른 감각을 일깨우고, 보다 더 정확하고 제대로 된 영어 이해와 표현을 하는데 도움이 될 수 있는 출발점이 된다면 일차적인 목표는 달성된 셈이다. 또한 영어를 가르치는 사람들의 겸손이 곁들여 진다면 영어 교육과 학습 현장에서 인간적인 향기는 피어오를 것이다.

일러두기 이 책에 쓰인 sb는 '어떤 사람'의 뜻으로 somebody의 줄인 글이고, sth는 '무엇'의 뜻으로 something의 줄인 글이다. (영)이나 (英)은 '영국영어'란 표시이고, (미)나 (美)는 '미국영어'란 표시이다.

차례

들어가면서

PART 1 동사

1. assure의 쓰임새 8
2. cancel과 postpone의 차이 15
3. care의 쓰임새 18
4. cry, scream, shout와 weep의 차이 31
5. destroy, ruin과 spoil의 차이 46
6. endure와 suffer from/with의 차이 54
7. have 동사의 쓰임새 59
8. insist의 쓰임새 82
9. involve의 쓰임새 90
10. lay down과 lie down의 차이 95
11. originate와 come from의 차이 111
12. raise와 rise의 차이 116
13. realize와 recognize의 차이 135

PART 2 명사

1. ache의 쓰임새 148
2. advantage와 merit의 차이 160
3. car의 쓰임새 173
4. cause와 reason의 차이 177
5. change in과 change of의 차이 186
6. doubt의 쓰임새 203
7. influence와 effect의 차이 216
8. job, occupation과 profession의 차이 232
9. moment의 쓰임새 240
10. mood와 atmosphere의 차이 249

PART 3 형용사

1. actual과 present/current의 차이 262
2. delightful과 delighted의 차이 274
3. earnest와 serious의 차이 276
4. moist와 damp의 차이 286
5. subconscious와 unconscious의 차이 293

PART 4 부사

1. forever와 for ever의 차이 304

PART 5 기타

1. after all과 in the end의 쓰임새 310
2. as의 쓰임새 317
3. day after day와 day by day의 차이 328

찾아보기 340

PART 1

동사

1. assure의 쓰임새
2. cancel과 postpone의 차이
3. care의 쓰임새
4. cry, scream, shout와 weep의 차이
5. destroy, ruin과 spoil의 차이
6. endure와 suffer from/with의 차이
7. have 동사의 쓰임새
8. insist의 쓰임새
9. involve의 쓰임새
10. lay down과 lie down의 차이
11. originate와 come from의 차이
12. raise와 rise의 차이
13. realize와 recognize의 차이

1 assure의 쓰임새

assure는 ① "장담하다, 확언[확약]하다", ② assure oneself (of sth)으로 쓰이는경우 "(~임을) 확인하다", ③ "보장하다"(=guarantee)와 ④ (英) "(특히 생명)보험에 들다"라는 뜻으로 쓰인다.

①의 예

We assure him of our support.
(우리는 그에게 우리의 지지를 확약했다.)
I assure you there's no danger.
(위험이 없다는 것은 내가 장담하지.)
"He'll come back," Susan assured her.
(그가 돌아올 거야. 수잔이 그녀에게 장담했다.)
She's perfectly safe, I can assure you.
(그녀는 전적으로 안전해. 내가 장담할 수 있어.)
We were assured that everything possible was being done.
(우리는 가능한 모든 조치가 취해지고 있다고 장담하는 말을 들었다.)
She's perfectly safe, I can assure you.
Mr. Brownson, I assure you, King's an old enemy of mine.

②의 예

He assured himself of her safety.
(그는 그녀가 안전함을 확인했다.)
I assured myself that he was safe.
(나는 그가 안전하다는 것을 확인했다.)
She assured herself that the letter was still in the drawer.
(그녀는 그 편지가 아직도 서랍 속에 있음을 확인했다.)

But he assured himself he had not abandoned those standards.

(그러나 그는 그런 도덕규범을 버리지 않았음을 확인했다.)

He assured himself of the existence of his three separate parcels of matches, though he did not stop to count them.

(그는 성냥 꾸러미들을 헤아리는 것을 멈추었지만 분리된 세 개의 성냥 꾸러미의 존재를 확인했다.)

Soon he assured himself that for the present, at any rate, the house was not being watched.

After assuring herself that they were quite alone, she drew from her bosom a soiled and crumpled letter.

③의 예

I assure you of his ability.

(그의 능력은 내가 보증해요.)

He is very capable, I assure you.

(그가 아주 능력이 있다는 것을 내가 당신에게 보증해요.)

Victory would assure a place in the finals.

(승리하면 결승전 진출이 보장될 것이다.)

Victory would assure them a place in the finals.

(승리하면 그들의 결승전 진출이 보장될 것이다.)

I assure him that there is no difference between us.

(나는 그에게 우리사이엔 차이가 없다는 것을 보장했다.)

Gentlemen, I assure you she's a perfect type for the job.

Ways must be found to assure our children a decent start in life.

④의 예

What is the sum assured?

(보험금 액수가 얼마인가요?)

I assured myself against losses.

(나는 손해 보험에 들었다.)

I hope you assured life insurance.

(자네 생명 보험은 들어놨겠지.)

She assured herself life insurance.

(그녀는 생명보험에 들었다.)

You'd better assure yourself against cancer.

(당신은 암에 보험을 드는 게 낫겠다.)

She assured herself against losses.

He assured himself against cancer two years ago.

◈ assure는 간접 목적어이든 직접 목적어이든 목적어를 취하는데, 목적어[절]가 that~절인 경우에는 assure sb that의 형식으로만 쓰인다. 단 수동태인 경우에는 그렇지 않다.

I can assure you that you are not alone.

(나는 자네가 혼자가 아니라는 것을 장담할 수 있어.)

I assure you that he'll try to duck out of cleaning.

(내가 자네에게 장담하건대, 그는 청소하는 것을 피하려고 할 겁니다.

I can assure you that the animals are well cared for.

(내가 자네에게 장담하건대, 그 동물들은 잘 보호받고 있습니다.)

You think I did it deliberately, but I assure you (that) I did not.

(넌 내가 일부러 그랬다고 생각하지만, 네게 확실히 말하는데 그렇지 않아.)

I can assure you that there has indeed been some improvement.

I assure you that we are doing everything we can to avoid further delays.

◈ assure의 명사는 assurance로 ① "확언, 장담, 확약"(=guarantee, promise), ② "자신감"(=confidence)과 ③ "(英)(보장성) 보험"이란 뜻으로 쓰인다.

①의 예

Masur led the orchestra with assurance.

(마주르는 확신을 가지고 관현악단을 이끌었다.)

Unemployment seems to be rising, despite repeated assurances to the contrary.

(그렇지 않다는 거듭된 장담들에도 불구하고 실업이 계속 증가하고 있는 것 같다.)

They called for assurances that the government is committed to its education policy.

(그들은 정부가 정부의 교육정책에 전념할 것이라는 확약을 요구했다.)

I have full assurance of her success.

②의 예

She seems to lack assurance.

(그녀는 자신감이 부족해 보인다.)

There is a note of assurance in his voice.

(그의 목소리에서 자신감이 느껴진다.)

There was an air of easy assurance and calm about him.

(그에게서는 유쾌한 자신감과 함께 차분한 분위기가 느껴졌다.)

He spoke in a voice filled with assurance.

③의 예

a life assurance company(생명 보험 회사)

I'm trying to trace some life assurance policies.

(저는 생명 보험 정책의 한 획을 긋기 위해 노력 중입니다.)

I meant to refer to the Equitable Life Assurance Society.

(저는 공정한 생명 보험 협회에 문의하려고 했죠.)

We will probably look at a life assurance company for stability of cash flow.

(우리는 아마도 현금 유동성의 안정을 위해 생명 보험 회사를 살펴볼 것입니다.)

When selling life assurance, you want the stench of death in their nostrils.

◈ 그런데 assure와 비슷하게 보이는 ensure는 "반드시 ~하게[이게] 하다, 보장하다"라는 뜻으로 쓰인다.

The book ensured his success.

(그 책은 그의 성공을 보장해 주었다.)

Please ensure (that) all lights are switched off.

(반드시 모든 불을 끄도록 하시오.)

Ensure the guard is in place before operating the machine.

(기계를 작동시키기 전에 반드시 보호대를 제자리에 두어라.)

They could not ensure a smooth transfer of political power.

(그들은 정치권력의 순조로운 이양을 담보할 수가 없었다.)

Use a black pen on white paper to ensure good reproduction.

(복사가 확실히 잘 나오게 하려면 흰 종이에 검은색 펜을 사용하라.)

We tried to ensure that everyone got a fair deal.

Ensure there is a free flow of air around the machine.

◈ 그리고 insure는 ① "보험에 들다[가입하다]"와 ② "보험을 팔다"라는 뜻으로 쓰인다.

①의 예

You're not insured to drive our car.

(네가 우리 차를 운전하는 것은 보험에 포함이 안 된다.)

The painting is insured for $1 million.

(그 그림은 백만 달러의 보험에 들어 있다.)

Luckily he had insured himself against long-term illness.

(다행히 그가 장기 질환에 대비한 보험을 들어 둔 상태였다.)

We strongly recommend insuring against sickness or injury.

(우리는 질병이나 상해에 대비하여 보험을 드는 것을 강력히 권하는 바입니다.)

A: Was the bicycle insured?

B: No, more's the pity!

(A: 그 자전거가 보험에 들어 있었나요?

B: 아뇨, 불행히도!)

All shipments will be insured for $100.

Subject to certain conditions, the members of your family are also insured.

②의 예

We haven't always done all we could to insure that.

(우리는 항상 그 보험을 팔기 위해 우리가 할 수 있는 모든 일을 다 해오지 못했다.)

AIG is an insurance company that, inter alia, insures banks against bad debts.

(에아이지는 그중에서도 은행들을 악성 부채에 대해 보험을 들어주는 보험 회사다.)

The company can refuse to insure a property that does not have window locks.

(그 회사가 창문에 잠금 장치가 안 된 건물에 대해서는 보험 매매를 거절할[보험을 들어 주지 않을] 수가 있다.)

Don't you worry, our company insures that building.

2 cancel과 postpone의 차이

cancel은 ① "취소하다", ② "(특히 법률적인 결정 사항을) 무효화하다[취소하다]"와 "(표에) 펀치를 찍다, (우표에) 소인을 찍다"라는 뜻으로 쓰인다. 그런데 postpone은 "연기하다, 미루다"(=put off)라는 뜻으로 쓰인다.

cancel 은 계획된 사건을 마련했는데 결국 일어나지[발생하지] 않는 경우에 쓰이고,postpone 은 계획된 사건을 마련했는데 뒤늦은 시간이나 날짜에 일어나는 경우에 쓰인다.

〈cancel 의 경우〉

①의 예

When's the last day I cancancel ?

(예약을 취소하려면 언제까지 연락해야 하나요?)

It's ringing. Do you still want to cancel?

(지금 신호가 가고 있는데도 취소하시겠어요?)

Due to the storm, they've had to cancel our flight.

(폭풍우 때문에 비행기 운항을 취소시켜야 했대요.)

How often do people cancel their room reservations?

(얼마나 자주 사람들이 객실 예약을 취소합니까?)

If you cancel your flight, you will forfeit your deposit.

(당신이 항공편을 취소하면 예약금을 못 돌려받을 것이다.)

If you cancel now you'll mess up all my arrangements.

(당신이 지금 취소하면 내가 해 놓은 모든 준비가 엉망이 돼요.)

All flights have been cancelled because of bad weather.

(날씨가 나빠 모든 항공기 운항이 취소되었다.)

I had to cancel because of the bad weather.

The president canceled his golf game with me.

3Five of their players were either ill or injured, and so the match had to be cancelled.

②의 예

to cancel a policy/subscription(정책/구독을 취소하다.)

Is it too late to cancel my order?

(제가 주문을 취소하기에 너무 늦었나요?)

I'd like to cancel the call I have placed a while ago.

(좀전에 제가 신청한 전화를 취소하고 싶은데요.)

No charge will be made if you cancel within 10 days.

(열흘 이내에 취소하면 수수료가 청구되지 않는다.)

The US has agreed to cancel debts totalling $10 million.

(미국이 총 천만 달러에 이르는 부채를 탕감해 주는 데 동의했다.)

He had to cancel some engagements because of tiredness.

(그는 피로 때문에 몇 가지 일정을 취소해야 했다.)

Don't forget to cancel the newspaper before going away.

He intends to try to leave the country, in spite of a government order cancelling his passport.

Under the agrement, Britain will cancel hundreds of millions of pounds in debts owed to it by some of world's poorest countries.

◈ cancel out는 "상쇄하다", cancel sth out은 "~을[를] 상쇄하다, 상쇄되다"라는 뜻으로 쓰인다.

His talent was at a level that canceled out everyone's worries.

(그의 기량은 사람들의 우려를 일축해 버릴 만큼 뛰어났다.)

The advantages and disadvantages would appear to cancel each other out.

(장점과 단점이 서로를 상쇄시키는 것처럼 보일 것이다.)

Recent losses have cancelled out any profits made at the start of the year.

(최근의 손실로 연초에 올린 수익이 상쇄되어 버렸다.)

Being physically active did not cancel out the increased mortality of overweight.

〈postpone의 경우〉

The game was postponed due to the rain.

(비가 오는 바람에 경기가 연기되었다.)

I, for one, would prefer to postpone the meeting.

(나 자신은 회의를 미루는 것이 나을 것 같다.)

The game has already been postponed three times.

(그 경기는 이미 세 번이나 연기되었다.)

We'll have to postpone the meeting until next week.

(우리가 그 회의를 다음 주로 연기해야 할 것이다.)

The only practicable alternative is to postpone the meeting.

(실행 가능한 유일한 대안은 회의를 연기하는 것이다.)

I'll postpone my vacation until October since it's so busy now.

(지금 너무 바빠서 시 월까지 휴가를 미루어야 할 것 같아요.)

It was an unpopular decision to postpone building the new hospital.

(그 병원 신축 공사를 연기한 것은 사람들이 좋아하지 않은 결정이었다.)

The visit has now been postponed indefinitely.

Does your assistant know why the conference was postponed?

We've decided to postpone the wedding until Steve has found a job.

3 care의 쓰임새

care는 명사로 ① "돌봄, 보살핌", ② "조심, 주의"와 ③ "걱정, 염려"로 쓰인다. care는 동사로 ① "상관하다, 관심을 가지다", ② "배려하다"와 ③ "애를 쓰다, 노력하다"로 쓰인다.

〈care가 명사로 쓰이는 경우〉

①의 예

medical/patient care(의료/환자 치료), skin/hair care products(피부/두발 관리 상품), the provision of care for the elderly(노인 부양 서비스 제공)

Day care facilities need to be expanded.

(보육 시설의 확충이 필요하다.)

The child was left in the care of friends.

(그 아이는 친구들의 보살핌에 맡겨져 있었다.)

Health care is a politically sensitive issue.

(보건 문제는 정치적으로 민감한 쟁점이다.)

She needed intensive care for several days.

(그녀는 며칠 동안 집중 치료를 받아야 했다.)

How much do men share housework and the care of the children?

(남자들이 집안일과 자녀 돌보기를 어느 정도 나눠 하는가?)

Good health care is of primary importance.

She turned her home into a day-care center.

②의 예

Fragile—handle with care.

(부서지기 쉬움—취급 주의[파손 주의].)

She chose her words with care.

(그녀는 조심해서 말을 골라 썼다.)

The job calls for extreme care.

(그 일은 극도의 주의가 필요하다.)

Girls should be reared with great care.

(딸아이는 주의하여 키우지 않으면 안 된다.)

With infinite care, John shifted position.

(존은 엄청 조심하며 자리를 옮겼다.)

It needs to be done with care.

Great care is needed when choosing a used car.

③의 예

His face was seamed with care.

(그의 얼굴은 근심 걱정으로 주름살이 져 있었다.)

Without children, you are free of care.

(자식들이 없으면 걱정이 없다.)

As rust eats iron, so care eats the heart.

(녹이 쇠를 파먹듯이 근심은 마음을 좀먹는다.)

Sam looked as if he didn't have a care in the world.

(샘은 세상에 걱정거리라곤 하나도 없는 사람 같았다.)

I felt free from the cares of the day as soon as I left the building.

(나는 그 건물만 벗어나면 하루의 근심 걱정을 다 벗어버리는 기분이었다.)

Johnson seemed without a care in the world.

Lean back in a hot bath and forget all the cares of the day.

▶ care는 거의 항상 셀 수 없는 명사(uncountable noun)로 쓰인다.

It requires a great deal of care.

(그것은 손이 많이 가야 한다.)

She is busy with the care of her children.

(그 여자는 애들 뒷바라지하느라 바쁘다.)

The machine requires special care in handling.

(이 기계는 취급에 별다른 주의가 필요하다.)

Care of the environment has become a priority in government thinking.

<care가 동사로 쓰이는 경우>

①의 예

I don't care what he thinks.

(그가 무슨 생각을 하든 난 상관없다.)

I don't care what color she is.

(그녀가 어떤 인종이든 나는 상관없어.)

She cares deeply about environment.

(그는 환경 문제들에 대해 깊은 관심을 갖고 있다.)

I don't care if I never see him again!

(그를 다시 못 본다 해도 난 상관없어!)

He threatened to fire me, as if I cared!

(그는 날 해고하겠다고 협박했지만 누가 상관이나 한 대!)

I don't care if they respect me. I could care less.

(나는 그들이 나를 존중하는지에 대해서는 신경쓰지 않아. 전혀 관심 없어.)

She doesn't seem to care that he's been married four times before.
(그가 전에 네 번이나 결혼을 한 적이 있다는 것을 그녀는 전혀 개의치 않는 것 같다.)
I don't care about the cost.
It's nonsense to say they don't care.
I don't care (about) how much it costs.

②의 예

Would you care for a cup of coffee?
(당신이 커피 한 잔 하시겠어요?)
So, you only care about yourself, huh?
(너 혼자 잘 먹고 잘살겠다는 거야?)
He genuinely cares about his employees.
(그는 진정으로 직원들을 배려한다.)
Now I know exactly how much you care.
(이제 자네가 날 얼마나 배려하는 지 확실히 알게 됐어.)
Would you care to take part in this survey?
(이 설문조사에 응해 주시겠습니까?)
Vets give medical care to injured or sick animals.
(수의사는 상처가 났거나 아픈 동물들을 치료해 준다.)
I don't suppose you'd care to tell me what the wrong was.
(나는 당신이 무엇이 잘못되었었는지에 대해 나에게 말해줄 거라고 생각하지 않아요.)
This is because we care about you.
They hired a nurse to care for her.
Member would care to provide them.

③의 예

I really don't care to listen to this.

(나는 이걸 듣는 것에 대해 전혀 신경 쓰지 않아.)

It brings out sides of me that I don't care to confront.

(그것은 제가 마주치고 싶지 않은 제 내면을 끌어내니까요.)

I've done this job more times than I care to remember.

(나는 이 일을 내가 애써 기억할 수 있는 것보다 더 여러 번 해 보았다.)

I don't care to rub elbows with someone who acts like that!

(나는 그렇게 행동하는 사람하고는 교제하고 싶지 않습니다!)

Room 709 doesn't answer. Would you care to leave a message?

(칠백구 호실에서는 전화를 받지 않는군요. 전하실 말씀 있으세요?)

Would you care to hear it?

Experts reveal only as much as they care to.

◈ care가 숙어(자주 쓰이는 낱말)로 쓰이는 경우로 care of sb, in care, in the care of ab/in sb's care, take care, take care (that.../to do sth), take care of sb/sth/oneself, under the care of sb, who cares?/What do I, you, etc. care?와 would you care for.../would you care to... 등이 있다.

▶ care of sb: care of sb는 "…(씨) 전교"라는 뜻이다.

＊ 미국영어에서는 in care of sb로 쓰인다.

Write to him care of his lawyer.

(그의 변호사 전교로 그에게 편지를 쓰시오.)

He wrote to me in care of my publisher.

(그는 나의 출판사를 통해서 편지를 보내왔다.)

Please write to me care of the publishers.

(저에게 편지를 주실 땐 출판사로 보내 주세요.)

I addressed their letter in care of the bars and clubs where I'd known them.

▶ into care: into care는 "(英) (아이들이) 보호시설에서 사는"이란 뜻이다.

I was all alone, and was put into care.

(나는 완전히 혼자였고 보호시설로 보내줬다.)

A young couple had to take their baby into care.

(젊은 부부는 그들의 아이를 양육 시설에 보내야만 했다.)

The two girls were taken into care after their parents were killed.

(그 두 여자 아이들은 부모가 죽은[살해된] 후 보호시설에 보내졌다.)

That partly explains the reluctance to put more children into care.

▶ in the care of ab/in sb's care: in the care of ab/in sb's care는 "~의 보살핌을 받는"이란 뜻이다.

She was placed in the care of an uncle.

(그녀는 삼촌의 보호에 맡겨졌다.)

The child was left in the care of friends.

(그 아이는 친구들의 보살핌에 맡겨져 있었다.)

Most of the staff specialize in the care of children.

(직원 대부분이 육아를 전문으로 하고 있다.)

The toddler will be placed in the care of a local authority.

When he was in your care?

(언제 그는 당신의 돌봄을 받았습니까?)

He was seen to be thriving in her care.

(그는 그녀의 돌봄 속에서 자라가는 듯 보였다.)

Mohamed was in our care as an asylum seeker.

(모하메드는 망명신청자로서 우리 보호 하에 있었다.)

May I put my luggage in your care for just a minute?

▶ take care: take care는 "몸 건강해[조심해](헤어질 때의 인사말)"이란 뜻이다.

Bye! Take care!

(안녕! 몸 건강히 지내!)

Take care and have a nice flight!

(몸조심하고 즐거운 비행 되세요.)

I'm sorry you're ill. Well, take care.

(아프다니 안 됐네요. 그럼, 건강 조심하세요.)

There's a bad flu going around. Take care.

▶ take care (that.../to do sth): take care (that.../to do sth)는 "(~하도록) 조심하다"라는 뜻이다.

Take care not to forget anything.

(잊어버리지 않도록 주의하세요.)

Well, then take care you don't lose it!

(그럼 그거 잃어버리지 않게 조심하세요!)

Take care not to be impolite to the customers.

(손님들에게 실례가 되지 않도록 주의하시오.)

Take care not to tell her.

* '무언가를 피하기 위해 조심하다'를 의미할 때는 take care not to나 take care that you don't라고 표현한다.

Take care not to catch cold.

(감기 걸리지 않도록 조심해라.)

Take care not to make a mistake.

(실수하지 않도록 주의하세요.)

Take care not to run upon the rock.

(바위에 좌초되지 않게 조심해라.)

He took great care not to let anyone know his intentions.

Take care that it does not boil over.

(끓어 넘치지 않도록 주의해라.)

Take care (that) you don't drink too much!

(술을 너무 많이 마시지 않도록 조심해라!)

And take care they do not spoil you by flattery, child!

(그들이 아첨으로 널 망치지 않도록 조심해, 얘야!)

Take care that your car not to fall down and hurt.

▶ take care of sb/sth/oneself: take care of sb/sth/oneself는 ① "~을[를] 돌보다 ,~에 주의하다[신경을 쓰다]"(=look after)와 ② "~에 대한 책임이 있다, ~을[를] 처리하다"라는 뜻이다.

①의 예

She takes great care of her clothes.

(그녀는 옷에 대단히 신경을 쓴다.)

I will take care of the bereaved family.

(내가 그 유족의 뒤를 돌보겠다.)

He's old enough to take care of himself.

(그는 스스로를 돌볼 만큼 나이가 들었다.)

Who's taking of the children while you're away?

(당신이 없는 동안 애들은 누가 봐요?)

We've asked my mother to take care of the kids while we're away.

(우리는 저의 어머니께 우리가 없는 동안 아이들을 봐 달라고 부탁드렸어요.)

After his mother died, there was nobody to take care of him.

Would you like me to take care of the plants while you're away?

②의 예

She is good at taking care ofbusiness.

(그녀는 일을 잘 처리한다.)

It'll be taken care of as soon as possible.

(가능한 한 조속히 해결될 것이다.)

I just have a few minor tasks to take care of.

(나는 몇 가지 처리해야 할 일이 있어.)

Celia takes care of the marketing side of things.

(마케팅 부문은 셀리아가 책임 맡고 있다.)

Don't worry about the travel arrangements. They're all being taken care of.

(여행 준비에 대해서 걱정하지 마세요. 모든 것을 처리하고 있는 중이니까요.)

Sure, I'll take care of that right away.

You have to learn to take care of your possessions.

▶ under the care of sb: under the care of sb는 "~에게서 치료를 받는"이란 뜻이다.

He's under the care of Dr. Parks.

(그는 팍스 박사의 치료를 받고 있다.)

Are you under the care of a doctor?

(당신은 의사의 치료를 받고 있어요?)

He was under the care of doctors in a mental hospital.

(그는 정신 병원에서 의사들의 치료를 받았다.)

New mothers are under the care of midwives for a maximum of 28 days.

▶ who cares?/What do I, you, etc. care?: who cares?/What do I, you, etc. care?는 "누가 상관이나 한대[알게 뭐야]?"라는 뜻이다.

Who cares what she thinks?

(그녀가 무슨 생각을 하든 알 게 뭐야?)

Who cares what it looks like?

(그게 어떻게 보이는지 알게 뭐야?)

"Who cares?" said Alex, feigning indifference.

("누가 신경 쓴대?" 알렉스가 무심을 가장하며 말했다.)

Who cares about some stupid vacation?

A: But we might ruin the stove.

B: Who cares?

What do I care about a dog?

(내가 개와 무슨 상관이야?)

What do I care about the bike?

(내가 자전거랑 무슨 상관이야?)

What do I care what people say?
(사람들이 뭐라고 하든 내가 뭔 상관이야?)
What do I care about your child?

▶ would you care for.../would you care to...: would you care for.../would youcare to...는 "…하시겠어요?[…해주십시오.](정중한 부탁을 할 때)"라는 뜻이다.

Would you care for another drink?
(한 잔 더 하시겠어요?)
Would you care for some more cake?
(케이크 더 먹을래?)
Would you care for some more salad?
(샐러드를 좀 더 드시겠습니까?)
Excuse me, would you care for some wine?
Would you care to stay a bit longer?
(더 계실 겁니까?)
Would you care to join us for dinner?
(우리와 같이 저녁식사 하시겠어요?)
If you'd care to follow me, I'll show you where his office is.
(저를 따라 오시면 그 분의 사무실로 안내해 드리겠습니다.)
Would you care to order now?

◈ care가 구동사(phrasal verb)로 쓰이는 것에는 care for sb와 not care for sb/sth이 있다.

▶ care for sb: care for sb는 "① ~을[를] 보살피다[돌보다](=take care of)와 ②~을[를](대단히) 좋아하다[사랑하다]"(=like)라는 뜻으로 쓰인다.

①의 예

Let's care for the Earth as well as the animals, Mina!

(동물들과 지구를 보살피자, 미나야!)

She does some voluntary work, caring for the elderly.

(그녀는 자원봉사를 좀 하며 노인들을 돌본다.)

She moved back home to care for her elderly parents.

(그녀는 연로한 부모님을 보살피기 위해 다시 집으로 이사를 했다.)

Don't worry. The child is being well cared for.

②의 예

Would you care for a cup of tea?

(차 한 잔 드실래요?)

I don't really care for spicy food.

(나는 사실 향신료가 많이 들어간 음식은 좋아하지 않아요.)

He cared for her more than she realized.

(그는 그녀가 알고 있는 것 이상으로 그녀를 좋아했다.)

Would you care for some orange juice?

▶ not care for sb/sth: not care for sb/sth는 격식을 차리는 경우에 "~을[를] 좋아하지 않다"라는 뜻으로 쓰인다.

I don't care for sweets.

(나는 단것은 딱 질색이다.)

You do not care for me!

(넌 날 좋아하지도 않잖아!)

He didn't much care for her friends.

(그는 그녀의 친구들을 별로 좋아하지 않았다.)

My father didn't care for him too much.

4 cry, scream, shout와 weep의 차이

cry는 ① "(기분이 안 좋거나 아파서) 울다", ② "외치다"와 ③ "(새나 동물이) (불쾌한 소리로) 울다[울부짖다]"라는 뜻으로 쓰인다. scream은 ① "(아픔·무서움으로) 비명을 지르다, (흥분 등으로) 괴성을 지르다[빽빽거리다]"(=shriek), ② "(공포·분노 등으로) 소리치다[악을 쓰다](=yell)와 ③ "날카로운 소리를 내다[내며 가다]"(=screech)라는 뜻으로 쓰인다. shout는 ① "외치다, 소리[고함]치다, 소리 지르다, 큰 소리로 말하다", ② "(시끄러운) 소리를 내다[지르다]"와 ③ "(술집·식당 등에서 술·음식을) 사 주다, 한턱내다"라는 뜻으로 쓰인다. weep는 ① "울다, 눈물을 흘리다"와 ② "(상처에서) 진물이 나오다"라는 뜻으로 쓰인다.

cry는 '슬프거나 아파서, 또는 너무 기뻐서 눈물을 흘리는 것을 나타내거나 소리 지르는' 것을 나타내는 가장 일반적인 낱말이다. scream은 '특히 아주 놀랐거나 매우 흥분했거나 굉장한 고통을 받을 때 크고, 높고 그리고 계속해서 내는 소리를 내는' 경우이다. shout는 '특히 누군가가 이야기를 들어주길 원하거나 또는 화가 나기 때문에 아주 큰 소리로 말을 하는' 경우이다. weep는 '보통 슬프기 때문에 조용히 우는' 경우이다.

〈cry의 경우〉

①의 예

It's all right. Don't cry.

(괜찮아. 울지 마.)

He felt like crying with rage.

(그는 너무 화가 나서 울고 싶었다.)

There's nothing to cry about.

(아무 울 이유가 없어.)

The baby is crying for its mother.

(그 아기는 엄마를 찾으며 울고 있다.)

That night she cried herself to sleep.

(그날 밤 그녀는 울다가 잠이 들었다.)

I just couldn't stop crying.

Small children often cry after a minor bump.

②의 예

He cried out in fear.

(그는 공포감에 비명을 질렀다.)

He cried out at the pitch of his voice.

(그는 목소리를 있는 대로 높여 소리쳤다.)

She ran to the window and cried for help.

(그녀는 창문으로 달려가 도와 달라고 외쳤다.)

He felt an irresistible impulse to cry out at the sight.

(그는 그 광경을 보고 크게 소리치고 싶은 충동을 느꼈다.)

A: You're safe!

B: Tom cried in delight.

(A: 넌 안전해!

B: 탐이 기뻐서 외쳤다.)

I cried: "It's wonderful news!"

"Nancy Drew," she cried, "you're under arrest!"

③의 예

Seagulls cried loudly

(갈매기들이 시끄럽게 울었다.)

The tiger is crying at night horrifically.

(그 호랑이는 밤에 무시무시하게 울고 있다.)

Seagulls followed the boat, crying loudly.

(갈매기들이 그 배를 따라오며 시끄럽게 울어댔다.)

The little goats cry out and hide around the house

(새끼 염소들은 비명을 지르며 집안 여기저기로 숨어요.)

Feeling tired and hungry, the poor tiger cried and cried.

(지치고 배고픈 그 불쌍한 호랑이는 울고 또 울었다.)

I couldn't sleep last night because the gulls were crying circling overhead.

In the sky above, a seagull is crying in a strident calling, but even this sound is not discordant.

◈ cry는 숙어로 cry over spilt milk(英)(cry over spilled milk(美)), cry wolf와 for crying out loud 등이 있다.

▶ cry over spilt milk(英)(cry over spilled milk(美)): cry over spilt milk (英)(cry over spilled milk(美))는 "이미 엎지른 물을 두고 한탄하다."

Don't cry over spilled milk.

(지나간 일을 두고 후회하지 마라.)

It's too late to cry over spilt milk.

(이제 와서 후회한들 무슨 소용이 있습니까?)

As the saying goes—it's no use crying over spilt milk.

(속담에도 있듯이 이미 엎지른 물을 두고 한탄해 봐야 소용없는 일이지.)

There is no point in crying over spilt milk, but we are responsible in that we acquiesced in that decision.

▶ cry wolf: cry wolf는 "도와 달라고 소란을 피우다(도움이 꼭 필요하지도 않으면서 소란을 피워 정작 도움이 필요할 때는 사람들이 믿지 않게 됨을 나타냄)"란 뜻이다.

How many times can you cry wolf?

(당신은 몇 번이나 나를 속일 셈이요?)

I won't help you if you cry wolf again.

(또 거짓말을 하면 나는 너를 도와주지 않을 거다.)

Don't cry wolf too often. No one will come.

(거짓소동을 부리지 말라고. 아무도 오지 않게 된단 말이다.)

The automakers have been crying wolf for many years now.

▶ for crying out loud: for crying out loud는 "세상에[맙소사](화가 나거나 놀랐음을 나타냄)"란 뜻이다.

For crying out loud! Why did you have to do that?

(세상에! 왜 네가 그렇게 해야 했던 거니?)

Stop fling out at me and for crying out loud, listen to me!

(그만 쏘아붙이고 제발 내 말 좀 들어봐!)

Oh, for crying out loud, you don't trust me at all, do you?

(아, 세상에, 나를 그렇게 못 믿니?)

For crying out loud, we have bananas in every corner shop in the country.

◈ cry는 구동사(phrasal verb)로 cry off와 cry out이 있다.

▶ cry off: cry off는 "(약속한 일을) 못하겠다고 하다"란 뜻이다.

Why did you cry off training last night?

(자네는 왜 간밤에 훈련을 못하겠다고 했나?)

She usually says she'll be there and then cries off at the last minute.

(그녀는 늘 오겠다고 말하지만, 마지막 순간 약속을 취소한다.)

She said she was coming to the party, but cried off at the last moment.

(그녀는 파티에 오겠다고 하고서는 마지막 순간에 못 오겠다고 했어.)

He was never the sort of player to cry off with an injury.

▶ cry out: cry out은 "(아픔 · 공포 · 놀람 등으로) 비명을 지르다, ~을[를] 외치다"란뜻이다.

"Help!" he cried out.

(도와 줘요! 그가 외쳤다.)

He cried out in his sleep.

(그가 자다가[잠을 자면서] 소리를 질렀다.)

She tried to stop herself from crying out.

(그녀는 비명을 지르지 않으려고 애를 썼다.)

She cried out for help.

〈scream의 경우〉

①의 예

The baby was screaming itself hoarse.

(그 아기는 목이 쉴 정도로 빽빽 울어대고 있었다.)

The kids were screaming with excitement.

(그 아이들이 흥분해서 괴성을 질러 댔다.)

People ran for the exits, screaming out in terror.

(사람들이 겁에 질려 비명을 지르면 출구 쪽으로 달려갔다.)

He covered her mouth to stop her from screaming.

(그녀가 비명을 지르지 못하도록 그가 그녀의 입을 막았다.)

I could hear her scream through the howling of the storm.

(폭풍의 노호 속에서도 나는 그녀의 비명 소리를 들을 수 있었다.)

He used to scream in pain all night long.

The bus bumps a tree and all the people scream and run away.

②의 예

"Help!" she screamed.

("도와주세요[사람 살려]! 그녀가 소리쳤다.)

She screamed abuse at him.

(그녀가 그에게 악을 쓰며 욕을 했다.)

He screamed at me to stop.

(그는 내게 멈추라고 소리를 질렀다.)

Someone was screaming for help.

(누군가가 도와[살려] 달라고 소리치고 있었다.)

His sister screamed out that he was crazy.

(그의 누나[여동생]는 그가 미쳤다고 악을 썼다.)

I'm so angry at him that I could scream.

She may scream and yell, but have no fear.

③의 예

Lights flashed and sirens screamed.

(불빛들이 번쩍거리고 사이렌 소리가 날카롭게 울렸다.)

The powerboat screamed out to sea.

(동력선이 삑삑 하는 소리를 내며 바다로 나갔다.)

The cars screamed past the spectators.

(그 자동차들은 관객들을 지나서 날카로운 소리를 울렸다.)

As he talked, an air force jet screamed over the town.

(그가 말을 했을 때 공군 제트기가 소도시 위로 날카로운 소리를 내며 갔다.)

The ambulance raced down the road and with its sirens screaming.

(그 구급차가 사이렌 소리를 날카롭게 울리면서 길 아래로 질주했다.)

The engines were now screaming at full power.

She slammed the car into gear, the tyres screaming as her foot jammed against the accelerator.

◈ scream은 숙어로 scream blue murder(영)(scream bloody murder (미))가 있다.

▶ scream blue murder(영): scream blue murder(영)는 "(특히 항의를 하며) 죽어라고 악을 써 대다[절규하다]"라는 뜻이다.

We are going to scream blue murder.

(우리는 죽으라고 악을 써 댈 것이다.)

He screamed blue murder because of the rumor.

(그는 그 소문 때문에 절규 했다.)

Bafflingly, the opposition party has failed to scream blue murder.

(당황스럽게도 야당은 분노의 외침을 낼 수 없었다.)

Then the tax comes into effect, people see their bills, and start screaming blue murder.

▶ scream bloody murder(미): scream bloody murder(미)는 "(특히 항의를 하며) 죽어라고 악을 써 대다[절규하다]"라는 뜻이다.

He must have screamed bloody murder.

(그는 죽으라고 악을 써 댔음에 틀림없다.)

I tried, but she screamed bloody murder.

(내가 저지해보려고 했지만 그녀는 죽으라고 악을 썼다.)

It was nothing but he screamed bloody murder.

(아무것도 아니었는데도 그는 큰 일이 난 것처럼 소란을 피웠다.)

I'd have screamed bloody murder if something was wrong.

◈ scream은 구동사(phrasal verb)로 scream out (for sth)가 있다.

▶ scream out (for sth): scream out (for sth)는 "(화가 나거나 주의를 끌기 위해) 고함지르다, (~을[를]) 간절히 필요로 하다[갈구하다]"(=call out)라는 뜻이다.

I was screaming out to the kids.

(나는 그 아이들에게 고함을 질렀다.)

His face contorts as he screams out the lyrics.

(소리 지르며 가사를 뱉어낼 때 그는 얼굴이 일그러진다.)

You're gonna scream out, and that'll wake her up.

(자네가 고함을 지르게 되면 그게 그녀를 깨우게 될 것이다.)

He slid down a pole and screamed out in agony.

My body's screaming out for a rest right now.
(내 몸은 지금 당장 휴식을 간절히 필요로 하고 있다.)
The market has been screaming out for a product like this.
(그 시장은 이와 같은 제품을 간절히 필요로 해 오고 있다.)
These books scream out to be included in a list of favourites.
(이 책들은 인기도서 목록에 포함되기를 갈구하고 있다.)
This country is screaming out for a massive change in society.

◈ scream은 동사 이 외에 명사로 ① "비명, 절규, 날카로운 소리[소음]"과 ② "재미있는[익살스러운] 사람[것]"이란 뜻으로도 쓰인다.

▶ ①의 예

She let out a scream of pain.
(그녀가 고통에 찬 비명을 질렀다.)
A piercing scream split the air.
(귀청을 찢는 듯한 비명 소리가 허공을 갈랐다.)
They ignored the baby's screams.
(그들은 그 아기가 악을 쓰며 우는 것을 무시했다.)
Her lips parted in a soundless scream.
(소리 없는 비명을 지르며 그녀의 입술이 벌어졌다.)
A long scream sounded from somewhere above.
(위쪽 어디에선가 긴 비명이 들렸다.)
He drove off with a scream of tyres.
A scream broke the silence of the night.

▶ ②의 예

He's a scream.

(그는 재미있는 사람이다.)

Someone says she's a scream.

(누군가가 말하기를 그녀는 재미있는 사람이라고 한다.)

The new film comedy is a scream.

(새로 나온 코미디 영화는 재미있는 것이다.)

Invite her to your party. She's just a scream.

(그녀를 자네 파티에 초대해. 그녀는 단지 재미있는 사람이다.)

Go and see Woody Allen's latest film—it's an absolute scream.

(우디 알렌의 최근 영화를 가서 보자. 그건 정말 재미있는 것이야.)

She thought it was an absolute scream when I fell off my chair.

Janes's such a scream—she's always very funny telling funny story.

<shout의 경우>

①의 예

Stop shouting and listen!

(소리 좀 그만 지르고 들어 봐!)

He shouted that he couldn't swim.

(그는 수영을 할 줄 모른다고 소리쳤다.)

She shouted at him to shut the gate.

(그녀가 그에게 문을 닫으라고 소리 질렀다.)

I shouted for help but nobody came.

(나는 도와[살려] 달라고 외쳤지만 아무도 오지 않았다.)

She shouted herself hoarse, cheering on the team.

(그녀는 소리치며 그 팀을 응원하느라 목이 쉬었다.)

Then he started shouting and swearing at her.

He was in love and wanted to shout it from the rooftops.

②의 예

It's wrong to swear and shout.

(욕을 하고 소리치는 것은 나쁜 것이다.)

We had to shout above the noise of the traffic.

(차량 소음 때문에 우리는 고함을 질러대야 했다.)

I understand your anger, but don't shout at me!

(난 너의 분노를 이해한다. 그러나 나에게 소리를 지르지 마.)

She shouted out in pain when she tried to move her leg.

(그녀는 다리를 움직이려다가 아파서 소리를 질렀다.)

We had to hammer and shout before they would open up.

(우리가 문을 쾅쾅 두드리고 소리를 지르고 난 뒤에야 그들이 문을 열었다.)

What are you shouting for, you crazy old man!

He had to shout to make himself heard above the near gale-force wind.

③의 예

I'll shout you a drink.

(내가 너에게 술 한 잔 사 줄 게.)

I am going to shout him.

(나는 그에게 한턱낼 거다.)

I'll shout—What are you drinking?

(내가 한턱낼게[쏠게]. 뭐 마실래?)

Who's going to shout me a drink?
(누가 내게 술 한 잔 사 줄 텐가?)
What are you drinking? I'll shout you.
(자네 뭐 마시는 건가? 내가 한 잔 살 게.)
If you shout, I'm done for.
I'll shout you a drink. Would you like another beer?

◈ shout가 '화가 났기 때문에 큰 목소리로 누군가에게 말을 하는' 경우에 대상 앞에 붙이는 전치사는 to가 아닌 at를 쓴다.

Listen, lady, don't shout at me.
(이봐, 이 여자가 왜 내게 고함질이야.)
He displayed his bad temper by shouting at me.
(그는 나에게 소리를 지르면서 드러내놓고 기분 나빠했다.)
It took all his self-control not to shout at them.
(그는 그들에게 고함을 지르기 않기 위해 모든 자제력을 동원했다.)
Just shouting at him isn't going to be a lot of help.
(그에게 고함만 질러 봤자 별로 도움이 안 될 것이다.)
He rolled down his car window and started shouting at them.
(그가 차창을 열고 그들에게 악을 쓰기 시작했다.)
He shouted at her and put her to silence in a minute.
I saw a man shouting at a driver whose car was blocking the street.

◈ shout는 구동사(phrasal verb)로 shout down과 shout out이 있다.

▶ shout down: shout down은 "~의 말소리가 들리지 않게 소리치다"라는 뜻이다.

Members try to shout him down.

(회원들은 그를 조용히 시키려고 노력한다.)

The speaker was shouted down by a group of protesters.

(한 집단의 시위자들 (소리) 때문에 연설자의 말소리가 들리지 않았다.)

He had shouted down the phone at her, beside himself with anxiety.

(남자는 불안하여 이성을 잃고 전화에 대고 여자에게 고함을 질렀다.)

The host tried to shout down the audience member, who only became more agitated.

▶ shout out: shout out는 "(똑똑히 들리도록) ~을[를] 큰소리로 말하다"라는 뜻이다.

Don't shout out all the answers.

(모든 대답을 다 큰 소리로 하지는 마.)

"I'm over here!" I shouted out.

("나 여기 있어!" 나는 큰소리로 말했다.)

I heard someone shouting out my name.

(누군가가 고함치면서 내 이름을 부르는 걸 나는 들었다.)

I had this sudden impulse to shout out "Rubbish!" in the middle of her speech.

〈weep의 경우〉

①의 예

He wept for joy.

(그는 기쁨의 눈물을 흘렸다.)

She started to weep uncontrollably.

(그녀가 걷잡을 수 없이 울기 시작했다.)

She wept bitter tears of disappointment.

(그녀는 쓰라린 실망의 눈물을 흘렸다.)

She wanted to laugh and weep all at once.

(그녀는 동시에 웃고 싶기도 하고 울고 싶기도 했다.)

I could have wept thinking about what I'd missed.

(나는 내가 놓친 것을 생각하면서 눈물을 흘릴 뻔했다.)

I wept with her for company.

I do not weep over his death.

②의 예

His legs were covered with weeping sores.

(그의 다리는 진물이 흐르는 상처투성이였다.)

In severe cases, the skin can crack and weep.

(심각한 사례의 경우에는 그 피부는 갈라서 진물이 나올 수 있습니다.)

These are little blisters which develop into weeping sores.

(이런 것들은 진물이 흐르는 상처투성이로 발전된 작은 수포들입니다.)

The sore is still weeping a lot so you'll have to change the dressing once a day.

(그 상처의 진물이 여전히 많이 나오고 있어서 당신은 하루에 한 번

붕대를 바꾸어야 만 할 것입니다.)

The wound is weeping.

A teenager was left in agony and covered in weeping sores after suffering a severe allergic reaction to hair dye.

5 destroy, ruin과 spoil의 차이

destroy는 ① "파괴하다, 말살하다"와 ② "(아프거나 원치 않은 동물을) 죽이다[살처분하다]"라는 뜻으로 쓰인다. ruin은 ① "(가치 · 기쁨 등을) 망치다[엉망으로 만들다]"(=wreck)와 ② "파산[파멸]시키다, 폐허로 만들다"라는 뜻으로 쓰인다. spoil은 ① "망치다, 버려 놓다, 못쓰게 만들다"(=ruin), ② "(아이를) 응석받이로[버릇없게] 키우다"(=overindulge), ③ "(특별한 일로) 행복하게 하다"와 ④ "(음식이) 상하다"(=go off)라는 뜻으로 쓰인다.

destroy는 '어떤 것에 굉장한 손상을 입혀 완전히 파괴하거나 더 이상 존재하지 않도록 하는' 경우에 쓰인다. ruin과 spoil은 '어떤 것을 덜 매력적으로 만들거나 덜 효과적으로 만들거나 덜 유용한 것으로 만드는 것을 의미하는' 경우에 쓰인다. 그런데 ruin은 '어떤 것에 심하게 손상을 입히거나 피해를 주는' 경우로 spoil 보다 훨씬 더 완전하거나 강력한 의미를 지니고 있다.

〈destroy의 경우〉

①의 예

Heat gradually destroys vitamin C.
(열은 비타민 시를 서서히 파괴한다.)
Failure was slowly destroying him.
(실패가 그를 천천히 파괴하고 있었다.)
They've destroyed all the evidence.
(그들은 모든 증거를 없애 버렸다.)
You have destroyed my hopes of happiness.
(당신은 행복을 꿈꾸는 내 희망을 짓밟아 버렸다.)
The building was completely destroyed by fire.
(그 건물은 화재로 전소되었다.)
Hurricanes destroy crops, buildings, bridges and roads.
He said army officers had threatened to destroy the town.

②의 예

The injured horse had to be destroyed.

(부상을 입은 그 말은 살처분해야 했다.)

The horses will be destroyed as I have ordered.

(그 말들은 내가 지시한대로 살처분될 것이다.)

Lindsay was unhurt but the horse had to be destroyed.

(린드세이는 다치지 않았지만 그 말은 도살해야 했다.)

The company produces chemicals that destroy ticks and mites.

(그 회사는 진드기와 응애를 박멸하는 약품을 만든다.)

Defra's response was that the cows must all nevertheless be destroyed.

(데프라의 반응은 그 암소들은 그럼에도 불구하고 모두 살처분되어야 한다는 것이었다.)

The dog attacked a child and had to be destroyed.

The report didn't say if the cows were destroyed as reprisal for the human death.

〈ruin의 경우〉

①의 예

The bad weather ruined our trip.

(나쁜 날씨가 우리 여행을 망쳐 놓았다.)

My new shoes got ruined in the mud.

(내 신발에 진흙이 묻어 엉망이 되었다.)

Several factors had combined to ruin our plans.

(여러 가지 요인이 결합되어 우리 계획을 망쳤다.)

That one mistake ruined his chances of getting the job.

(그 한 가지 실수로 그는 그 직장에 취직할 기회를 망쳐 버렸다.)

A: But we might ruin the stove.

B: Who cares?

(A: 하지만 우리가 스토브를 망가뜨릴지도 몰라.

B: 알게 뭐야?)

A fussy referee can ruin a boxing bout.

If you open the camera, you'll ruin the film.

②의 예

The country was ruined by the war.

(그 나라는 전쟁으로 폐허가 되어 있었다.)

If she loses the count case it will ruin her.

(그녀는 그 소송에서 지면 파산하게 될 것이다.)

A fire ruined everything inside the museum.

(화재로 인해 박물관 안에 있는 모든 것들이 폐허가 되어 버렸다.)

He drove the company to ruin with his excessive investment.

(그는 무리한 투자로 회사를 말아먹었다.)

The village was completely ruined by excessive land development.

(그 마을은 과도한 토지개발로 완전히 황폐했다.)

Foreign investors can ruin our way of life.

The stock market crash ruined him, so he has no money.

◈ ruin은 동사 이 외에 명사 ① "붕괴, 몰락", ② "파산, 파탄, 파멸", ③ "파멸의 원인"(=downfall)과 ④ "(파괴된 건물의) 잔해, 폐허, 유적"으로도 쓰인다.

①의 예

He is on the verge of ruin.

(그는 몰락할 지경에 처해 있다.)

The old tower is on the brink of ruin.

(그 오래된 탑은 붕괴 직전에 있다.)

A large number of churches fell into ruin after the revolution.

(그 혁명 후에 많은 교회가 몰락했다.)

Giza is a ruin city in Egypt.

②의 예

The alcohol ultimately led to his ruin.

(술은 결국 그를 파멸로 몰아갔다.)

He has steered the company away from financial ruin.

(그는 재정적 파산을 피해 회사를 움직여 왔다.)

The bank stepped in to save the company from financial ruin.

(그 기업을 재정적 파탄으로부터 구하기 위해 은행이 개입을 했다.)

The divorce ultimately led to his ruin.

③의 예

Gambling is his ruin.

(도박이 그를 파멸로 이끈 원인이었다.)

Those faults was his ruin.

(그런 과실들이 그의 파열의 원인이 되었다.)

Drink brought him to ruin.
(술로 그의 몸이 결딴났다.)
Her beauty was her ruin.

④의 예

The vineyards were falling into ruin.
(그 포도밭은 완전히 폐허가 되어 가고 있었다.)
We visited the ruins of a Norman castle.
(우리는 노르만 시대 한 성의 유적을 방문했다.)
He was determined to build a new life out of the ruins of his career.
(그는 자기 경력의 폐허에서 새로운 삶을 건설해 내리라 굳게 다짐했다.)
* 이 글은 비유적인 표현이다.
We looked out upon a scene of desolation and ruin.

◈ ruin의 숙어로 in ruins(폐허[엉망]가 된)가 있다.

The abbey was in ruins.
(그 사원은 거의 폐허가 되어 있었다.)
The scandal left his reputation in ruins.
(그 스캔들은 그의 명성을 다 망쳐 버렸다.)
Years of fighting have left the area in ruins.
(여러 해에 걸친 싸움으로 그 지역은 폐허가 되어 버렸다.)
After the fire, the museum lay in ruins.

〈spoil의 경우〉

①의 예

Don't let him spoil your evening.

(그 사람 때문에 당신 저녁을 망치지는 말아요.)

The tall buildings have spoiled the view.

(그 높은 건물들이 전망을 버려 놓았다.)

Our camping trip was spoilt by bad weather.

(우리의 캠핑 여행은 날씨가 안 좋아서 망쳐 버렸다.)

It's important not to let mistakes spoil your life.

(실수 때문에 인생을 망치는 일이 없도록 해야 한다.)

Don't eat too many nuts—you'll spoil your appetite.

(견과류를 너무 많이 먹지 마. 밥맛없어져.)

Don't let him spoil your evening.

I didn't join them on their walk because I didn't want to spoil my shoes.

②의 예

She spoils those kids of hers.

(그녀는 자녀들을 응석받이로 키운다.)

Spare the rod, and spoil the child.

(매를 아끼면 자식을 망친다.)

Being too kind to kids will spoil them.

(아이들에게 오냐오냐 하는 것이 아이들을 망칠 것이다.)

Grandparents often spoil their grandchildren.

(조부모들은 가끔 그들의 손주들을 버릇없이 키운다.)

All the family dote on him and really spoil him.

(모든 가족이 그를 애지중지 하고 정말로 그를 버릇없이 키운다.)

She must have been spoiled by her parents.

Children who are spoiled by their parents rarely succeed in life.

③의 예

I want to spoil my wife.

(나는 아내를 행복하게 하고 싶다.)

He really spoiled me on my birthday.

(그는 내 생일 때 나를 정말 행복하게 해 주었다.)

He loves me and he always wants to spoil me.

(그는 나를 사랑하고 항상 나를 행복하게 만들어주기를 원한다.)

Why not spoil yourself with a weekend in a top hotel?

(최고급 호텔에서 주말을 보내는 행복을 누려 보시지 않으시겠습니까?)

She made a plan to spoil Amy on her surprise birthday party.

(그녀는 깜짝 생일 파티로 애미를 행복하게 할 계획을 세웠다.)

Spoil yourself with a new perfume this summer.

Perhaps I could employ someone to iron his shirts, but I wanted to spoil him. He was my man.

④의 예

Meat will spoil if kept too long.

(고기는 오래 두면 상한다.)

Food spoils easily in the summer.

(여름철에는 음식이 쉽게 상한다.)

This fruit will spoil if kept too long.

(이 과일은 오래 두면 상한다.)

The peach will spoil unless it is eaten soon.
(그 복숭아는 빨리 먹지 않으면 상할 거예요.)
Vegetables and fruits soon spoil in warm weather.
(채소와 과일은 따뜻하면 금방 상한다.)
First, food does not spoil for years.
Fish spoils easily, so it must be stored at a low temperature.

◈ spoil의 숙어로 be spoiling for a fight가 있다.

▶ be spoiling for a fight: be spoiling for a fight는 "~와 싸우고 싶어 안달하다"라는 뜻이다.
We look as if we're spoiling for a fight.
(우리는 마치 서로 싸우고 싶어 안달난 사람들처럼 보였다.)
Andy was drunk and spoiling for a fight.
(앤디는 술이 취해 싸우고 싶어 안달이었다.)
This is clearly a case in which Iran is spoiling for a fight.
(이것은 확실히 이란이 전쟁을 원해서 안달이 나있는 상황이다.)
The teachers' union is spoiling for a fight with the Government.

6 endure와 suffer from/with의 차이

endure는 '견디다, 참다, 인내하다'(=bear)라는 뜻으로 고통스럽거나 아주 불쾌한 상황과 관련되는 경우에 쓰인다. suffer from/with는 '시달리다, 고통받다'라는 뜻으로 질병이나 건강 상태와 관련되는 경우나 고통·슬픔·결핍 등의 경우에 쓰인다.

〈endure의 경우〉

He can't endure being defeated.
(그는 지는 것을 못 참는다.)
The hut will not endure a storm.
(그 오두막은 폭풍우를 견뎌 내지 못할 것이다.)
The pain was almost too great to endure.
(그 통증은 너무 심해서 거의 참을 수가 없을 정도였다.)
She could not endure the thought of parting.
(그녀는 헤어진다는 생각을 견딜 수가 없었다.)
They had to endure a long wait before the case came to trial.
(그들은 그 사건이 재판에 회부될 때까지 오랜 기다림을 견뎌야 했다.)
He can't endure to be defeated.
The people in this country have had to endure almost a decade of economic hardship.

◈ endure가 '오래가다[지속되다], 계속하다'(=last)라는 뜻으로 쓰이기도 한다.

His fame will endure forever.
(그의 명성은 영원히 지속될 것이다.)

The idea of America endures.

(미국의 정신은 계속 이어집니다.)

His memory will endure forever.

(그는 영원히 기억될 것이다.)

I believe this government cannot endure permanently half slave and half free.

(나는 이 정부가 반노예와 반자유를 영원히 지탱해 갈 수는 없다고 생각한다.)

Somehow the language and continues to survive.

◈ 굉장히 좋아하지 않거나 받아들일 수 없을 때는 can't/couldn't bear/stand라는 표현을 사용한다.

He can't bear being laughed at.

(그는 놀림 받는 것을 참지 못한다.)

I can't bear having cats in the house.

(나는 집에 고양이를 두는 것은 견딜 수가 없다.)

He couldn't bear to see the dog in pain.

(그는 개가 고통스러워하는 것을 도저히 볼 수 가 없었다.)

She couldn't bear the thought of losing him.

(그녀는 그를 잃는다는 생각을 견딜 수가 없었다.)

He couldn't bear the thought of his wife leaving him.

I can't bear people who make judgements and label me.

I can't stand the sight of blood.

(나는 피를 보는 것을 견딜 수가 없어[정말 싫어].)

I can't stand it when you do that.

(난 네가 그럴 때는 참을 수가 없어[정말 싫어].)

She couldn't stand being kept waiting.

(그녀는 기다려야 하는 것을 견딜 수가 없었다.)

I can't stand people interrupting all the time.

(난 자꾸 끼어드는 사람들은 참을 수가 없어[정말 싫어].)

I can't stand people who are cruel to animals.

He used to like cricket, but now he can't stand it.

〈suffer from/with의 경우〉

He suffers from asthma.

(그는 천식에 시달리고 있다.)

I suffer from dizzy spells.

(나는 한 번씩 어지럽다.)

He is suffering from prostate cancer.

(그는 전립선암으로 고통받고 있다.)

My father used to suffer from insomnia.

(우리 아버지는 불면증을 앓곤했다.)

A lot of students suffer from exam nerves.

(많은 학생들이 시험 불안증에 시달린다.)

She suffered from a weak heart.

My youngest son suffers from asthma.

I know you suffer with your back.

(나는 자네가 허리 때문에 고생하는 거 알아.)

I very seldom suffer with insomnia.

(난 불면증으로 고생해 본 적 거의 없어.)

Despite this, I hope you never suffer with it.

(이렇긴 해도, 네가 그 일 때문에 해를 입지 않았으면 한다.)

He may even suffer with subsequent adrenal failure.

(그는 수반되는 부신 질환으로 고통 받을 수도 있습니다.)

I suffered with bad bronchitis and had a superb level of care.

(나는 심한 기관지염을 앓았고 최고 수준의 치료를 받았다.)

People have not always had to suffer with homelessness.

The Work Force was suffering with low pay and long hours.

◈ suffer는 '(질병 · 고통 · 슬픔 · 결핍 등에) 시달리다, 고통받다'라는 뜻 이외에 ① '(부상 · 패배 · 상실 등을) 겪다[당하다]'라는 뜻과 ② '더 나빠지다, 악화되다'라는 뜻으로도 쓰인다.

①의 뜻으로 쓰이는 경우

He suffered a massive hear attack.

(그는 심각한 심장마비를 겪었다[일으켰다].)

Many immigrants suffer from a sense of alienation.

(많은 이민자들이 소외감을 겪는다.)

The company suffered huge losses in the last financial year.

(그 기업은 지난 회계 연도에 막대한 손실을 입었다.)

Many companies are suffering from a shortage of skilled staff.

(많은 기업들이 숙련 직원 부족에 시달리고 있다.)

The party suffered a humiliating defeat in the general election.

(그 당은 총선에서 치욕적인 패배를 당했다.)

Dieters suffer from violent mood swings.

You will suffer terrible anguish for the rest of your life.

②의 뜻으로 쓰이는 경우

Indeed, industrial relations are likely to suffer.

(사실, 노사관계가 악화될 것 같다.)

I'm not surprised that your studies are suffering.

(자네의 학업이 더 나빠지고 있는 점에 대해 난 놀라지 않는다.)

If this drought lasts long, the crops will suffer greatly.

(이 가뭄이 오래 계속되면 농작물은 굉장히 나빠질 것이다.)

His school work is suffering because of family problems.

(그의 학업 성적은 가정에서의 문제 때문에 더 나빠지고 있다.)

His financial situation suffers through his unwise investments.

(어리석은 투자로 인하여 그의 경제 상태가 악화일로에 있다.)

The overall economy would suffer, too.

Without a major boost in tourism, the economy will suffer even further.

7 have 동사의 쓰임새

have 동사는 자주 쓰이는 동사(common verb)로 다양하게 쓰인다. have 동사는 일인칭과 이인칭의 주어인 경우 현재 시제로 have가, 삼인칭의 주어인 경우 has로 되어 주어 뒤에 뒤따른다. 그리고 과거 형태는 had이다. 보통 have 동사는 진행형을 쓰지 않는 경우가 대부분이지만 일부 쓰임새에서 진행형을 쓰기도 한다.

have 동사는 ① "가지다, 있다, 소유하다", ② "…으로 되어[이루어져] 있다", ③ "(어떤 특질 · 특징이) 있다", ④ "(행동으로 옮길 수 있는 어떤 자질이) 있다", ⑤ "(특정한 관계를 맺고 있는 사람이) 있다", ⑥ "(이용할 수 있는 시간 등이) 있다", ⑦ "(특정한 일을 해야 할 의무가) 있다", ⑧ "(해야 할 필요성이 있는 …이) 있다", ⑨ "(언급된 방식으로 …을[를]) 잡고 있다", ⑩ "(특정한 위치에) 두다[두고 있다]", ⑪ "(감정 · 생각이) 들다[나다]", ⑫ "(병이) 있다, (병을) 앓고 있다", ⑬ "(경험을) 겪다[하다]", ⑭ "(행사를) 하다[열다]", ⑮ "먹다, 마시다, 피우다", ⑯ "(특정한 행동을) 하다", ⑰ "(아기 등을) 낳다", ⑱ "(어떤 영향 · 효과를) 주다[갖다]", ⑲ "(누구에게서 무엇을) 받다", ⑳ "(자신에게 주어지거나 행해지는 것을) 받다", ㉑ "(행위의 결과를) 받다[겪다]", ㉒ "(무엇이 어떻게 되는 것을) 당하다", ㉓ "(남에게 시켜서) …하다", ㉔ "(누구에게 무엇을 하도록) 하다[시키다]", ㉕ "허용하다, 군말 없이 받아들이다", ㉖ "(어떤 상태에 있게) 하다, (특정한 반응을 보이게) 하다[만들다]", ㉗ "(토론에서 상대방을) 불리하게 만들다", ㉘ "…와 (육체적인) 관계를 갖다", ㉙ "속이다", ㉚ "(특히 제한된 기간 동안 자기 집에서) 돌보다[보살피다]", ㉛ "(자기 집에서 손님을) 대접하다", ㉜ "(누구와) 함께 있다"와 ㉝ "(특정 역할을 위해 누구를) 쓰다[받아들이다]" 등 다양한 뜻으로 쓰인다.

①의 예

* 이 경우 진행형으로 쓰이지 않는다.

Have you got a job jet?

(당신은 이미 직장이 있습니까?)

He had a new car and a boat.

(그는 새 승용차에 보트를 한 척 가지고 있었다.)

I don't have that much money on me.

(나는 그렇게 많은 돈은 지니고 있지 않다.)

She's got a BA in English.

②의 예

* 이 경우 진행형으로 쓰이지 않는다.

We have 500 people on the payroll.

(우리는 급여 대상자 명단에 오백 명이 올라 있다.)

In 1999 the party had 10,000 members.

(천구백구십구 년에 그 당원은 당원이 만 명이었다.)

That card company has a large membership.

(저 카드회사는 회원이 많다.)

Our company has several aggressive salespeople.

③의 예

* 이 경우 진행형으로 쓰이지 않는다.

He 's got a front tooth missing.

(그는 앞니 한 개가 없다.)

The ham had a smoky flavour.

(그 햄에서는 연기 냄새가 났다.)

The house has gas-fired central heating.
(이 집에는 가스를 때는 중앙난방 시설이 있다.)
They have a lot of courage.

④의 예

* 이 경우 진행형으로 쓰이지 않는다.

Surely she didn't have the nerve to say that to him?
(확실히 그녀가 그에게 그 말을 할 배짱은 없겠지?)
The student should have the courage to try new things.
(학생은 새로운 것을 시도할 수 있는 용기를 가지고 있어야 한다.)
You have to have a lot of stamina to be a top-class dancer.
(최고 무용수가 되려면 강인한 체력을 가져야만 한다.)
You must have courage to live in my house.

⑤의 예

* 이 경우 진행형으로 쓰이지 않는다.

He's got three children.
(그에게는 아이가 셋 있다.)
How many children do you have?
(자녀가 몇이세요?)
Do you have a client named Peters?
(당신에게 피터스라는 이름을 가진 고객이 있습니까?)
When you have credibility, you have customers.

⑥의 예

* 이 경우 진행형으로 쓰이지 않는다.

Have you got time to call him?
(그에게 전화할 시간이 있니?)
Have you got a minute to spare?
(자네 남는 시간 있어?)
We have no choice in the matter.
(그 문제에 있어서는 우리에게 선택권이 없다.)
I still have a few minutes.

⑦의 예

* 이 경우 진행형으로 쓰이지 않는다.

We have a duty to uphold the law.
(우리는 그 법을 유지시킬 의무가 있다.)
We have a duty to care for the refugees.
(우리에게는 그 난민들을 보살필 의무가 있다.)
Local councillors have a duty to serve the community.
(지역 의회 의원은 지역 사회에 봉사할 의무가 있다.)
I have a solemn duty to protect the American people.

⑧의 예

* 이 경우 진행형으로 쓰이지 않는다.

I must go—I have a bus to catch.
(나 가야겠어. 버스를 타야 해.)

I've got a lot of homework tonight.

(난 오늘밤 숙제가 많아.)

Actually, I wasn't aware that we had an assignment.

(사실, 나는 우리가 숙제가 있는지 몰랐었어.)

If we have homework on time, we may stay up to twelve hours.

⑨의 예

* 이 경우 진행형으로 쓰이지 않는다.

She'd got him by the collar.

(그녀는 그의 옷깃을 움켜잡고 있었다.)

He had his head in his hands.

(그는 두 손으로 머리를 감싸 쥐고 있었다.)

He had her by the arm and he was screaming at her.

(그는 그녀의 팔을 잡고 그녀에게 소리치고 있었다.)

When the police came, Larry had him by the ear and was beating his head against pavement.

⑩의 예

* 이 경우 진행형으로 쓰이지 않는다.

Mary had her back to me.

(메리는 내 쪽으로 등을 보이고 있었다.)

I soon had the fish in a net.

(나는 곧 그 물고기를 그물망에 넣었다.)

We have a bird feeder in our backyard.

(우리는 뒷마당에 새 먹이통을 설치했어요.)

Don't think we should have birds in cages, don't think we should hunt foxes.

⑪의 예

* 이 경우 진행형으로 쓰이지 않는다.

We've got a few ideas for the title.

(그 제목에 대해 우리에게 몇 가지 생각이 났다.)

I've got it! We'll call it "Word Magic."

(생각났어! 그걸 "워드 매직"이라고 부를 거야.)

He had the strong impression that someone was watching him.

(그는 누군가가 자기를 지켜보고 있다는 느낌이 강하게 들었다.)

Do you have any idea who it was?

⑫의 예

* 이 경우 진행형으로 쓰이지 않는다.

I've got a headache.

(난 머리가 아파.)

I just have a sore throat.

(나는 그냥 목이 아프다.)

I have a sore on my tongue.

(나에게 혓바늘이 돋았다.)

I have aches and pains all over.

⑬의 예

She'll have an accident one day.

(그녀가 언젠가는 사고를 당할 거야.)

I was having difficulty in staying awake.
(나는 (자꾸 졸려서) 깨어 있는 게 힘들었다.)
I went to a few parties and had a good time.
(나는 몇 군데 파티에 가서 즐거운 시간을 보냈다.)
Did you have a good time?

⑭의 예

I have a party with friends tonight.
(나는 오늘밤 친구들과 파티를 한다.)
I have a birthday party this weekend.
(이번 주말에 제 생일 파티가 있어요.)
We need to have a surprise party to add a bit of spice to our lives.
(우리는 삶에 약간의 흥취를 더하기 위해 깜짝 파티가 필요하다.)
Didn't you have birthday parties when you were a kid?

⑮의 예

to have breakfast/lunch/dinner(아침/점심/저녁을 먹다)
Have some more vegetables.
(채소 좀 더 먹어.)
What shall we have for lunch?
(우리 점심 뭐 먹을까?)
I had a cigarette while I was waiting.
(나는 기다리면서 담배를 한 대 피웠다.)
I'll have the salmon.

⑯의 예

to have a wash/shower/bath(세수/샤워/목욕을 하다)

Here, have a look at this.

(여기, 이것 한번 봐.)

I had a swim to cool down.

(나는 더위를 식히려고 수영을 한 판 했다.)

Let's have a game of cards.

(카드 한 판 하자.)

Did you have a good sleep?

⑰의 예

I'd like to have your child.

(저는 아이를 갖고 싶다.)

She's going to have a baby.

(그녀가 아기를 낳을[출산을 할] 것이다.)

My mother has three boys before she had me.

(내 어머님이 나를 낳기 전에 아들 세 명이 있다.)

I hear his wife's having a baby.

⑱의 예

The colour green has a restful effect.

(녹색은 편안하게 해주는 효과가 있다.)

Her parents no longer have any real influence over her.

(그녀의 부모는 이제 더 이상 그녀에게 진정한 영향력이 없다.)

His paintings had a strong influence on me as a student.

(그의 그림은 내가 학생 때 내게 강한 영향을 주었다.)

Colors have an effect on our moods.

⑲의 예

* 이 경우 보통 진행형으로 쓰이지 않는다.

Can I have the bill, please?
(계산서 좀 갖다 주시겠어요?)
Can I have a receipt, please?
(영수증 주시겠어요?)
I had a letter from my brother this morning.
(난 오늘 아침에 형[오빠/남동생]이 보낸 편지를 받았다.)
I'd like to pay my bill now. Can I have a receipt?

⑳의 예

I'm having treatment for my back problem.
(나는 허리가 아파서 치료를 받고 있다.)
I'm gonna have piano lessons this afternoon.
(나는 오늘 오후에 피아노 레슨을 받을 것이다.)
How many driving lessons have you had so far?
(지금까지 운전 교습을 몇 번 받았나요?)
Even if they are willing to have treatment, some specialist interventions are often not available.

㉑의 예

* 이 경우 진행형으로 쓰이지 않는다.

We have so many orders in hand.
(우리는 아주 많은 주문을 받고 있다.)
I have orders to commit you to the tower.
(저는 당신을 저 탑에 감금하라는 명령을 받았습니다.)

We have orders coming in from all over the world.

(우리에게는 전 세계에서 주문이 들어오고 있다.)

I have orders to assist you in any way possible.

㉒의 예

I had my wallet stolen.

(나는 내 지갑을 도난당했다.)

She had her bag stolen.

(그녀는 가방을 도난당했다.)

We had our money stolen.

(우리는 돈을 도난당했다.)

The dance hall even had its roof blown off in World War II.

㉓의 예

* 이런 경우에 have 동사 다음에 대상이 나오고 그 뒤에 나오는 동사의 시제는 과거분사이다.

You've had your hair cut!

(너 머리 깎았구나[잘랐구나]!)

We're having our car repaired.

(우리 차는 수리 중이다.)

I'd like to have my hair dyed, please.

(저 머리 염색해 주세요.)

Have you had your eyes tested?

㉔의 예

I'll have you know I'm a black belt in judo.

(내가 당신에게 분명히 말하는데 난 유도 유단자야.)

He had the bouncers throw them out of the club.

(그는 기도들을 시켜 그들을 클럽에서 쫓아냈다.)

She's always having the builders in to do something or other.

(그녀는 항상 건축업자를 불러들여 이런 저런 일을 시킨다.)

Mr. Gower had had us all working so hard.

㉕의 예

Mom won't have it any other way.

(엄마가 막무가내세요.)

We can't have people arriving late all the time.

(사람들이 매번 늦게 오는 것을 군말 없이 받아들일 수는 없다.)

I'm sick of your rudeness—I won't have it any longer!

(난 당신의 무례함에 질렸어. 더 이상 용납하지 않겠어!)

It looks like it won't have much effect on 2009.

㉖의 예

He had his audience listening attentively.

(그는 청중들이 열심히 귀를 기울이게 만들었다.)

I want to have everything ready in good time.

(나는 모든 것이 늦지 않게 준비되도록 했으면 좋겠다.)

When do you plan to have everything ready?

(언제쯤 준비가 다 될까요?)

Have everything ready before you cook the pasta.

㉗의 예

* 이 경우 진행형으로 쓰이지 않는다.

You have me there.

(내가 졌다. 그것은 대답을 못하겠네.)

You have me there, little prick.

(나도 모르겠어, 건방진 녀석.)

You've got me there. I hadn't thought of that.

(그 점에 대해서는 내가 할 말 없군. 난 그것은 생각 못 해 봤어.)

You almost had me there, didn't you?

㉘의 예

* 이 경우는 속어로 쓰인다.

He had her in his office.

(그는 자기 사무실에서 관계를 가졌다.)

He asked me how many men I'd had.

(그는 몇 명의 남자와 관계를 가져왔는지 나에게 물었다.)

I have my closest friend in her house.

(나는 그녀의 집에서 가장 친한 친구와 관계를 가진다.)

I won't have her in my house.

㉙의 예

I have been had.

(내가 속아 넘어갔다.)

I'm afraid you've been had.

(내 생각에 당신이 속은 것 같다.)

I'm afraid you've been had over your bargain.

(자네가 그 물건을 속아 산 것 같다.)

You've been had.

㉚의 예

Can I have the kids next thursday?

(다음 주 목요일에 애들 봐 줄 수 있을까?)

We're having the kids for the weekend.

(우리가 주말 동안 그 아이들을 봐 주고 있다.)

I'm having the children for the weekend.

(나는 주말 동안 그 이아들을 돌봐 주고 있다.)

Every three months, he comes to Scotland and has the children for the weekend.

㉛의 예

It's a little late to have friends over.

(친구들을 집에 초대하기엔 조금 늦었다)

He had his colleagues over for dinner.

(그는 동료들을 집으로 청해 저녁을 대접했다.)

We had some friends to dinner last night.

(우리는 지난밤에 친구 몇 명에게 저녁을 대접했다.)

We also have friends over for the night.

㉜의 예

* 이 경우 진행형으로 쓰이지 않는다.

He'll have friends with him.

(그는 친구들과 함께 있을 것이다.)

She had some friends with her.

(그녀는 친구 몇 명과 함께 있었다.)

I have a friend with whom I go to the movies now and then.

(나는 이따금 함께 영화 보러 갈 친구가 있어.)

You have a colleague with you as well.

㉝의 예

Who can we have as a treasurer?

(우리가 회계로 누구를 쓰죠?)

But they don't have me as a teacher.

(그런데 그들은 저를 선생님으로 생각하지 않습니다.)

I'd be proud to have you as my guest.

(당신을 손님으로 맞게 되어서 영광입니다.)

But at least I still have you as a colleague.

◈ have 동사가 숙어로 쓰이는 경우로는 have done with sth, have had it과 have it (that...) 등이 있다.

▶ have done with sth: have done with sth는 "(불쾌한 것을) 끝내다"라는 뜻이다.

Let's have done with this silly argument.

(이 바보 같은 언쟁을 끝내자.)

Let's just get together and have done with it.

(만나서 해치워 버리자.)

Why not tell her you're quitting and have done with it?

(그녀에게 그만두겠다고 말하고 빨리 마무리짓지 그래요?)

I love what you've done with this space.

▶ have had it: have had it은 ① "끝장나다[다 망가지다]", ② "완전히 지치다", ③ "도저히 살아날[모면할] 길이 없다", ④ "골치 아파질[혼이 날] 것이다"와 ⑤ "더 이상 참을 수 없다, 신물나다"라는 뜻이다.

①의 예

The car had had it.

(그 차는 다 망가져 있었다.)

All right, I have had it.

(맞아, 나 끝장났어.)

He wants actors who can speak Welsh. Obviously I've had it.

(그는 웨일스 말 사용할 수 있는 배우들을 원한다. 확실히 나는 끝장났어.)

Unless she loses some weight, she's had it.

②의 예

I've had it! I'm going to bed.

(난 완전히 지쳤어! 자러 갈래.)

I've had it! Let's call it a day.

(난 완전히 지쳤어! 오늘 그만 합시다.)

I've had it for today — I'll do the rest tomorrow.

(나는 오늘 완전히 지쳤어. 나는 나머지를 내일 할 거야.)

We've been walking all day and we've just about had it.

③의 예

That plant of yours has had it, I'm afraid.

(당신의 초목은 도저히 살아날 길이 없는 것 같은데요.)

When the truck smashed into me, I thought I'd had it.

(트럭이 나를 덮쳤을 때 난 이제 꼼짝없이 죽었다고 생각했어.)

When they scored the second goal, I knew we've had it.

(그들이 두 번째 골을 넣었을 때 우리는 꼼짝없이 끝났다는 것을 나는 알았어.)

When the boss hears what you've been doing, you've had it.

④의 예

I have had it up to here with this job.

(나는 이 직업에 신물이 난다.)

I have had it with this annoying work.

(나는 이 짜증나는 일에 싫증이 났다.)

Dad saw you scratch the car—you've had it now!

(네가 차 긁는 거 아빠가 보셨어. 이제 넌 죽었어!)

He says he's had it with politics.

⑤의 예

I have had it with you.

(나 너한테 질렸어.)

I have had it for twelve years.

(난 십이 년 동안 참을만큼 참았어.)

I've had it (up to here) with him—he's done it once too often.

(난 그 사람 신물나. 그는 그런 짓을 너무 자주 했어.)

I have had it with you losers.

▶ have it (that...): have it (that...)은 "…이 사실이라고 주장하다"라는 뜻이다.

Rumour has it that we'll have a new manager soon.

(소문에 의하면 우리에게 곧 새 매니저가 온다는군.)

So far reports have it that it's been entirely peaceful.

(지금까지의 보도에 의하면 그것이 완전히 평화롭다고 전한다.)

Rumours have it that electricity here is going up by 25%.

(소문에 의하면 여기 전기가 이십오 퍼센트까지 상승하고 있다.)

He could not possibly have been poisoned as popular legend has it.

◈ have 동사가 구동사(phrasal verb)로 have (got) sth against sb/sth, have sb back, have sth back, have sb on, have (got) sth on, have (got) sth on sb, have sth out (with sb)와 have sb up (for sth) 등이 있다.

▶ have (got) sth against sb/sth: have (got) sth against sb/sth은 "~ 때문에 … 을[를] 싫어하다"라는 뜻이다.

What do you have against me?

(자네 왜 나를 싫어하는 거야?)

But what do you have against Boones Farm, anyway?

(그런데 당신은 도대체 왜 분즈 팜을 싫어하는 거야?)

What have you got against Ruth? She's always been good to you.

(너 뭐 때문에 루스를 싫어하는 거야? 그녀는 항상 네게 잘해 주잖아.)

What do you have against the masses, is what I want to know?

▶ have sb back: have sb back은 "(헤어졌던 배우자나 애인을) 다시 받아 주다, 다시 받아 주다"라는 뜻이다.

I'm glad to have you back.

(저는 당신이 돌아와서 기뻐요.)

Hopefully we'll have you back on our staff in a few years.

(몇 년 안에 다시 우리와 함께 일했으면 좋겠어요.)

In the end they solved their problems and she had him back.

(결국 그들은 문제를 해결하고 그녀는 다시 그를 받아 주었다.)

We are delighted to have him back safe and sound.

▶ have sth back: have sth back은 "~을[를] 되찾다[돌려받다]"라는 뜻이다.

I'm glad I have my watch back.

(나는 내 손목시계를 되찾아서 기쁘다.)

Can you have it back to me by Friday?

(그거 금요일까지 돌려줄 수 있겠어요?)

You can have your files back after we've checked them.

(당신의 파일들을 우리가 검토해 보고 돌려 드리겠어요.)

The family was very happy to have the painting back.

▶ have sb on: have sb on은 "(보통 농담을 믿도록) 속이다[농담하다]"라는 뜻이다.

That's your new car? You're having me on!

(저거 네가 산 새 차니? 농담하는 거지!)

We had him on that he had won a free holiday.

(우리는 그가 자유 휴가를 얻었다고 그에게 속였다.)

You didn't really, did you? You're not having me on, are you?
(너 진짜 그런 거 아니지. 나한테 농담하는 거 아냐?)
Malone's eyes widened. "You're having on me, Liam."

▶ have (got) sth on: have (got) sth on은 ① "~을[를] 입고[쓰고/신고/매고 등] 있다"② "(장치를)켜 둔채로 두다"와 ③ "(계획 · 일 등이) 잡혀[예정되어] 있다"라는 뜻이다.

①의 예

He had nothing on.
(그는 몸에 아무것도 걸치고 있지 않았다.)
She had a red jacket on.
(그녀는 빨간 재킷을 입고 있었다.)
That's a stylish outfit you have on.
(네가 입고 있는 그 옷 참 멋있다.)
That's a nice shirt you have on.

②의 예

She has her TV on all day.
(그녀는 하루 종일 텔레비전을 켜 놓는다.)
That's why I have the TV on the whole time.
(그게 내가 시종 텔레비전을 켜 놓는 이유이다.)
Mr. Brown, you have a call on line 4 holding.
(브라운 씨, 사 번 선에 통화 대기 중인 전화가 있어요.)
If I have the TV on, I get easily distracted.

③의 예

I have nothing on this evening.

(난 오늘 저녁에는 아무런 예정도 없다.)

I have a lot on in the next week.

(다음 주에 나는 아주 바쁘다.)

I can't see you this week—I've got a lot on.

(나 이번 주에는 당신 못 만나겠어요. 예정된 일이 많아서요.)

Do you have plan on summer vacation?

▶ have (got) sth on sb: have (got) sth on sb는 "~에 대해 (특히 범죄와 관련된) 약점을 쥐고 있다"라는 뜻이다.

I'm not worried—they've got nothing on me.

(난 걱정 안 해. 그들에게 약점 잡힌 거 아무것도 없으니까.)

I have something on Jeff, so I think he will cooperate.

(내가 제프에 대해 약점을 쥐고 있다. 그래서 나는 그가 협조할 것이라고 생각한다.)

They haven't got anything on Marlowe, so they can't arrest him.

(그들은 말로에 대해 어떤 약점도 쥐고 있지 않다. 그래서 그들을 그를 체포할 수 없다.)

You can't take me to the police station, you've got nothing on me.

▶ have sth out (with sb): have sth out (with sb)는 ① "(특히 신체 일부를) 잘라내다[제거하다]"와 ② "(~와) ~에 대해 터놓고 이야기하다"라는 뜻이다.

①의 예

I've had my tonsils out.

(나는 (수술로) 편도선을 절제했다.)

I have to have my appendix out.

(나는 맹장을 잘라 내야 했다.)

They have pulled out patients' teeth unnecessarily.

(그들은 불필요하게 환자들의 이를 뽑아 왔다.)

Coleman said, "I ve got to have my tonsils out."

②의 예

I do not want to have it out with him.

(난 그와 터놓고 이야기를 하고 싶지 않다.)

Yeah, well, I had to have it out with the guy.

(그래, 음, 나는 그 사람과 터놓고 얘기를 했어야 했다.)

I need to have it out with her once and for all.

(내가 최종적으로 그 문제에 대해 그녀와 터놓고 얘기를 해 봐야겠어.)

Why not have it out with your critic, discuss the whole thing face to face?

▶ have sb up (for sth): have sb up (for sth)은 "(~을[를] 이유로) ~을[를] 기소[고소]하다"라는 뜻이다.

He was had up for manslaughter.

(그는 우발적 살인으로 기소되었다.)

He was had up for burglary.

◈ have got은 영국 영어에서 현재형으로 된 긍정문, 부정문과 의문문에서 소유 등을 나타내기 위해 일상적으로 쓰이는 동사이다. have got은 구어체 영어나 문어체 영어에서는 거의 항상 줄여서[축약하여] 쓴다.

They've got a wonderful house.

(그들은 아주 멋진 집을 가지고 있다.)

She's got a lot of ambition, so she' s bound to be successful.

(그녀는 야심이 많은 여자로 반드시 성공할 것이다.)

I've got no children of my own, but I do have a niece and a nephew.

(내가 낳은 자식은 없지만 조카와 질녀가 있다.)

He wanted to know if I'd got any money.

We haven't got a television.

(우리는 텔레비전이 없다.)

I haven't got anywhere to live.

(나는 어디에도 살 곳이 없다.)

Listen to me, I haven't got much time.

(내 말 들어봐, 시간이 얼마 없단 말이야.)

I haven't got anything to write with.

Have you got a pen handy?

(네 손 닿는 데 펜이 있니?)

Have you got a meeting today?

(오늘 회의 있으세요?)

Have you got your thermals on?

(보온 내의 입었니?)

This is too big—have you got a small one?

◈ have to do sth과 have sth to do는 차이가 있다. have to do sth(~해야 한다)은 '무언가를 해야만 하는' 경우에 쓰인다. 그런데 have sth to do는 '누군가가 필요로 하거나 하려고 무언가를 갖고 있는' 경우에 쓰인다.

〈have to do sth의 경우〉

Did she have to pay a fine?
(그녀가 벌금을 내야 했나요?)
You have to wake up now, baby.
(이제 일어나야지, 자기.)
You really have to whack the ball.
(자네는 공을 정말 세게 쳐야 한다.)
My train leaves in ten minutes so I'll have to go now.

〈have sth to do의 경우〉

I have nothing to speak of.
(특별히 할 말은 없다.)
Do you have anything to eat?
(먹을 게 뭐 있나요?)
Do you have something to do?
(뭐 할 일 있으세요?)
I have two more letter to write.

8 insist의 쓰임새

insist는 ① "(…해야 한다고) 고집하다[주장하다/우기다]"와 ② "(특히 다른 사람들이 믿지 않는 것을 사실이라고) 주장하다"라는 뜻으로 쓰인다. 그런데 insist 뒤에는 주로 전치사 on이나 upon이 오거나 that 절이 온다.

①의 예

Oh, very well, then, if you insist.
(아, 그래요, 그럼. 당신이 굳이 그러겠다면, 뭐.)
He insists that she (should) come.
(그는 그녀가 와야 한다고 주장한다.)
I didn't really want to go but he insisted.
(나는 사실 가고 싶지 않았는데 그가 우겼다.)
He insisted on Mary being invited to the party.
(그는 메리를 파티에 초대해야 한다고 고집했다.)
They insist on sticking to the letter of the law.
(그들은 그 법률 조문 그대로 고수할 것을 고집한다.)
If you insist on going home, I will not stop you.
(당신이 굳이 집에 가겠다면 내가 말리지는 않겠어요.)
A: Please come with us.
B: Very well then, if you insist.
(A: 제발 우리와 함께 가요.
B: 좋아요. (당신 주장이) 꼭 그렇다면.
I insisted on having a holiday abroad.
I am sorry, but I must insist that that is not correct.
Repeatedly he insist he would have won the election.

②의 예

He insisted on his innocence.

(그는 자신의 무죄를 주장했다.)

He insisted (that) he was innocent.

(그는 자신이 무죄라고 주장했다.)

If you insist, I wouldn't press you to stop it.

(그렇다면 구태여 말리지 않겠다.)

Both actors' reps insist they are just friends.

(그럼에도 불구하고 두 배우의 대변인들은 이들이 그저 친구 사이일 뿐이라고 주장한다.)

Don't insist on something you have no basis for.

(당신이 억지로 갖다 붙이지 마세요.)

The Conservatives insist the donations are legitimate.

(보수당원들은 기부가 합법적이라고 주장한다.)

Sadly, Japanese people continue to insist that Dokdo is theirs.

(안타깝게도, 일본은 독도가 자기네 땅이라고 계속해서 주장하고 있다.)

Both men insist they are innocent.

Sharp insists her client is innocent.

South Korean officials insist American beef is safe.

◈ insist의 구동사(phrasal verb)로 insist on/upon sth와 insist on doing sth가 있다.

▶ insist on/upon sth: insist on/upon sth은 "~을[를] (강력히) 고집[요구]하다"라는 뜻이다.

Jennifer insisted on her own room.

(제니퍼는 자기 방을 갖게 해 달라고 졸랐다.)

But he insisted on the precision of words.

(하지만 그는 단어들의 정확성을 주장하였다.)

We insisted on a refund of the full amount.

(우리는 전액 환불을 요구했다.)

He insisted on[upon] the accuracy of the data.

(그는 데이터가 정확하다고 강조했다.)

They insisted upon being given every detail of the case.

(그들은 그 사건에 대한 모든 내용을 자세히 알려줄 것을 요구했다.)

Many artists insist on art for art's sake.

I would have insisted on additional security.

▶ insist on doing sth: insist on doing sth은 "(다른 사람들이 짜증스러워 하는데도) 계속 ~을[를]하다"라는 뜻이다.

I insisted on having a holiday abroad.

(나는 해외에서 휴가를 보내야 한다고 우겼다.)

She insisted on his/him wearing a suit.

(그녀는 그에게 양복을 입을 것을[그가 양복을 입어야 한다고] 고집했다.)

If you insist on going alone, please do so.

(자네가 굳이 혼자 가겠다면 그렇게 해라.)

He insisted on Mary being invited to the party.

(그는 메리를 파티에 초대해야 한다고 고집했다.)

They insist on playing their music late at night.

(그들은 계속 밤늦게 음악을 틀어 놓는다.)

I insist on paying for the damage.

He insisted on paying for the meal himself.

◈ insist 다음에 that 절이 오는 경우에는 should+동사원형이나 should가 생략되고 알몸 동사(동사원형)가 와야 된다. '주장'(insist, urge)을 나타내는 이런 동사에는 insist 이 외에 '요구(ask, demand, require), 요청(request), 명령(order), 제안(propose, suggest), 추천(recommend), 권고(advise, recommend, urge)' 등이 있다.

We insisted that the application be reviewed.

(우리는 신청서가 재검토되어야 한다고 주장했다.)

She insisted that her daughter (should) always come home early.

(딸은 언제나 일찍 귀가해야 한다고 그녀는 고집했다.)

He insisted that he (should) pay for the meal himself.

They urge that the trial (should) be held.

(그들은 재판을 열 것을 주장한다.)

He urged that we (should) accept the offer.

(우리가 그 제의를 받아들여야 한다고 그는 주장했다.)

He urged that government meetings should be more productive.

I ask that you look into this matter.

(나는 이 문제를 조사해주시기를 요청합니다.)

She asked that she be kept informed of developments.

(그녀는 일의 전개 상황을 자신에게 계속 알려 달라고 요청했다.)

I don't ask that you should love me.

The analyst demands that she follow the policy.

(분석가는 그녀가 정책에 따르기를 요구한다.)

He demanded that we (should) include him.

(그는 우리가 자기도 참가해야 한다고 요구했다.)

We did not demand that they be declared void and held again.

She begged that she be allowed to go.

(그녀는 가도록 허락해 달라고 간청했다.))

We begged that robber release hostages.

(우리는 강도가 인질들을 풀어주기를 부탁했다.)

I beg that you should do the work.

His injury requires that he (should) wear a neck brace.

(부상의 상태로 보아 그는 목에 깁스를 할 필요가 있다.)

Managers require that monthly progress reports be turned in one time.

(매니저들은 월별 진척 상황에 대한 보고서를 제 때 제출할 것을 요구한다.)

Output circuits require that 24V power be applied.

It is requested that you (should) finish the job quickly.

(일을 빨리 끝내 주십시오.)

The accounting manager requested that all budget reports be submitted by Friday.

(경리부장은 모든 예산 보고서가 금요일까지 제출되어야 한다고 요청했다.)

We request that they consider the matter afresh.

The general commanded that the troops withdraw.

(장군은 부대에 후퇴 명령을 내렸다.)

I commanded that the reply (should) be faxed at once.

(나는 즉시 팩스로 회답하라고 명령했다.)

The commander orders that the enemy be shot to death.

He proposed (to us) that it (should) be done at once.

(그는 즉시 그것을 해야 한다고 (우리에게) 제안했다.)

It was proposed that the president be elected for a period of two years.

(회장을 이 년 임기로 선출하자는 제안이 있었다.)

I therefore propose that the fund be substantially increased.

What does the man suggest that the woman do?

(남자는 여자에게 어떻게 하라고 권하는가?)

He suggested that the tower (should) be restored.

(그는 그 탑이 복구되어야 하지 않겠느냐고 제안했다.)

My family doctor suggests that I should take a walk every day.

We urge that this be not repeated.

(우리는 이것이 반복되어서는 안 된다고 강력하게 권했다.)

The report urged that all children be taught to swim.

(그 보고서는 모든 아동에게 수영을 가르칠 것을 권고했다.)

He urged that government meetings should be more productive.

I recommend that you (should) think more carefully.

(나는 좀 더 신중히 생각하는 것이 좋아.)

I recommend that the work (should) be done at once.

(나는 그 일을 즉시 하도록 권합니다.)

The committee recommends that the matter be discussed at the next meeting.

So, I advise that you first set your goals clearly.

(그래서 나는 당신이 먼저 당신의 목적을 분명하게 설정해야 한다고 충고한다.)

It is strongly advised that you take out insurance.

(당신이 보험에 들 것을 강력히 권고합니다.)

I advise that this place be shut up at once.

I urge that the amendment be withdrawn.

(나는 법 개정이 철회되기를 촉구합니다.)

Some people have urged that the bears be fed.

(어떤 이들은 우리가 곰들에게 먹이를 제공되어야 한다고 권고했다.)

We therefore urged that the agreement should not be signed in this form.

◈ insist의 명사는 insistence(고집, 주장, 강조)이다.

their insistence on strict standards of behavior(그들의 엄격한 행동 기준 강조)

At her insistence, the matter was dropped.

(그녀가 고집하여 그 문제는 뺐다.)

He went to law school at his mother's insistence.

(그는 어머니에게 떠밀려서 사법대학원에 갔다.)

What I disagree with is your insistence that the product is safe.

(제품이 안전하다고만 하는 당신의 주장에 저는 반대하는 것입니다.)

Such rules must be based essentially on an insistence on full transparency.

◈ insist의 형용사는 insistent인데, ① "고집[주장]하는, 우기는, 끈덕진, 집요한"과 ② "(무시할 수 없게 오래 동안) 계속되는"이란 뜻으로 쓰인다.

①의 예

Why are you so insistent that we leave tonight?

(넌 어째서 우리가 오늘 밤에 떠나야 한다고 그렇게 고집하는 거니?)

She didn't want to go but her brother was insistent.
(그녀는 가고 싶지 않았지만 그녀의 오빠[남동생]가 우겼다.)
They were insistent on having a contract for the work.
(그들은 그 작업에 대해 계약을 맺을 것을 고집[주장]했다.)
The girl was insistent on staying with her mother.

②의 예

insistent demands(계속적인[꾸준한] 수요), the insistent ringing of the telephone(계속 울려 대는 전화벨)
Pyne answered his insistent ring.
(계속 벨을 누르자 이윽고 파인이 나타났다.)
Sir, we're receiving insistent orders not to fight.
(선생님 우리는 싸우지 말라고 계속 명령을 받고 있어요.)
The door to the office was locked; nor was there any response to our insistent knocking.
(사무실 출입문은 잠겨 있었고, 우리가 지속적으로 노크를 해도 아무 반응이 없었다.)
Johnson's team will make the same, simple, insistent demands for delivery from London's service providers.

9 involve의 쓰임새

involve는 ① "(중요 요소로 · 필연적으로) 수반[포함]하다"(=entail), ② "(상황 · 사건 · 활동이 사람을) 관련[연루]시키다", ③ "참여시키다"와 ④ "(누가 어떤 일에, 특히 무슨 범죄에) 연루되었음[관련 있음]을 밝히다[보여주다]"(=implicate)라는 뜻으로 쓰인다.

①의 예

Many of the crimes involved drugs.
(그 범죄들 가운데 많은 것이 마약과 관련이 있다.)
It may involve a death or serious accident.
(그것은 목숨을 잃거나 심각한 사고를 초래할 것이다.)
Any investment involves an element of risk.
(어떤 것이든 투자에는 위험 요소가 수반된다.)
Most air rage incidents involve heavy drinking.
(대부분의 기내 난동 사건은 폭음과 관련이 있다.)
Repairs involve skilled labour, which can be expensive.
(수리를 하려면 숙련된 노동력이 필요한데, 그러면 비용이 많이 들 수 있다.)
The test will involve answering questions about a photograph
(그 테스트에는 사진에 대한 질문에 답을 하는 것이 포함된다.)
The manager's mistakes involved the company in a lot of trouble.
(경영자의 실수로 그 회사는 많은 어려움을 겪게 되었다.)
The job involves me travelling all over the country.
Heart disease often involves psychological and social factors.
Nick's job as a public relations director involves spending quite a lot of time with other people.

②의 예

How many vehicles were involved in the crash?

(그 충돌 사고에 차량이 몇 대가 관련되었나요?)

That doesn't involve the deaths of thousands of people.

(그것은 수천 명의 죽음과는 관련이 없다.)

There was a serious incident involving a group of youths.

(한 무리의 젊은이들이 연루된 심각한 사건이 있었다.)

I have no special ambition to get involved with management.

(내가 경영에 관여할 특별한 야심은 없다.)

Four out of every five murders involve people who know each other well.

(살인 사건의 팔 할은 잘 아는 사람 사이에서 일어난다.)

America is a nation involved in many of the world's affairs.

The online source does not necessarily need any teachers involved with the learners.

③의 예

* 주로 involve sb (in sth/in doing sth)의 형태로 쓰인다.

We try to involve the whole family.

(우리는 전 가족을 참여시키려고 노력한다.)

Maybe she didn't want to involve you.

(아마도 그녀는 자네를 참여시키는 걸 원하지 않을 거야.)

What actions involve our fellow citizens?

(우리 시민들은 어떤 활동에 참여하나요?)

She didn't want to involve an old friend.

(그녀는 옛 친구를 끌어들이고 싶어 하지 않았다.)

The review will involve independent experts.

(그 검토에는 독립적인 전문가들을 참여시킬 것이다.)

It will involve only Eugene Bressee and his supervisor.

We want to involve as many people as possible in the celebrations.

④의 예

* 주로 involve sb(in sth)의 형태로 쓰인다.

He is involved with the police.

(그는 경찰과 관련을 맺고 있다.)

Don't involve me in your quarrels.

(너희들의 싸움에 나를 끌어들이지 마라.)

He involved himself in her private affairs.

(그는 그녀의 개인적인 문제에 스스로 관여했다.)

The charges involve seven alleged victims.

(기소는 일곱 명의 희생자들이 관련 있음을 보여준다.)

His confession involved a number of other politicians in the affair.

(그의 자백은 다른 몇 명의 정치인들이 그 스캔들에 연루되었음을 보여 주었다.)

Are you thinking of which game involved such illegal act?

People must be aware that there are no miracle cures involved in dieting.

◈ involve 다음에 준동사를 쓰는 경우에는 to 부정사가 아닌 동명사만 쓰인다.

My job involves interviewing people.

(내 직업은 사람들과의 면접을 필요로 한다.)

Site development can involve restoring urban land.

(부지 개발에는 도시 토양 복원 과정도 포함될 수 있습니다.)

The job involves me travelling all over the country.

(나는 일 때문에 전국으로 출장을 다녀야 한다.)

To accept the appointment would involve living in London.

(그 임명을 수락하면 런던에 살아야 할 것이다.)

My opponent has only focused on the short-term risks involved in hosting the Olympics.

(상대방은 올림픽 개최와 관련된 단기 위험에만 초점을 맞추었다.)

A proper repair would involve stripping all the tiles off the roof.

Are they involved in building a range of strategic relationships across the world?

◈ involve의 구동사(phrasal verb)로는 involve sb in sth(~에게 …을[에] 겪게[말려들게] 하다)가 있다.

Don't involve me in your problem.

(당신 문제에 나를 끌어들이지 마라.)

Do not involve me in this gloomy thing.

(당신이 나를 이 비관적인 일에 끌어들이지 마라.)

Don't involve me in your private problem.

(너의 사적인 문제에 나를 끌어들이지 마세요.)

You have involved me in a great deal of extra work.

(당신 때문에 내가 아주 많은 일을 추가로 해야 했다.)

Parents should involve themselves in their child's education.
(학부모들이 자녀 교육에 참여해야 한다.)
I seem to have involved myself in something I don't understand.
Noel and I do everything together, he involves me in everything.

10 lay down과 lie down의 차이

lay down은 ① "(사용하거나 하던) ~을[를] 내려놓다"(=put down), ② "(직장 등을) 그만두다[포기하다]", ③ "(법칙 · 원칙을 지키도록) 정하다"와 ④ "~을[를] 모아서 쌓다[축적하다]"이란 뜻으로 쓰인다. lie down은 "(자거나 쉬려고) 눕다[누워 있다]"라는 뜻으로 쓰인다.

lay down은 주로 '물건을 놓는' 경우에 쓰인다. lie down은 '몸을 가로 위치로 놓는' 경우에 쓰인다.

〈lay down의 경우〉

①의 예

She laid the book down on the table.

(그녀가 책을 탁자 위에 내려놓았다.)

Both sides were urged to lay down their arms.

(양측 모두에게 무기를 내려놓으라[버리라]는 촉구가 있었다.)

It's a noble thing to lay down your life for someone else.

(어떤 다른 사람을 위해 목숨을 바치는 것은 고귀한 것이다.)

The drug-traffickers have offered to lay down their arms.

(마약 밀매상들은 무기를 버리겠다고 제안해 왔다.)

Just lay the books down on the floor.

She laid down her knife and fork and pushed her plate away.

②의 예

to lay down one's duties(임무를 포기하다.)

I want you to lay down.

(나는 당신이 포기했으면 좋겠어요.)

I asked him to lay down a bunt.

(나는 그에게 번트를 그만하라고 요청했다.)

The drug-traffickers have offered to lay down their arms.
(마약 밀매 상들은 무기를 버리겠다고 제안해 왔다.)
No, I just need to lay down.

③의 예

You can't lay down hard and fast rules.
(변경 불가능한 법칙을 정할 수 없다.)
I am not trying to lay down rules of evidence.
(나는 증거의 규칙을 정하려고 하는 것이 아니다.)
Not all companies lay down written guidelines and rules.
(모든 회사가 지침과 규칙을 문서로 못박아두지는 않는다.)
I would let other countries step up and lay down the law.
(나는 다른 국가들이 법을 규정하거나 강화하도록 할 것이다.)
It is laid down that all candidates must submit three copies of their dissertation.
(모든 (학위 취득) 희망자들은 논문을 세 부씩 제출하도록 정해져 있다.)
One cannot lay down a hard and sharp line.
That is not a matter on which I can lay down a rule.

④의 예

이 경우에는 주로 수동태로 쓰인다.
If you eat too much, the surplus is laid down as fat.
((음식을) 너무 많이 먹으면 잉여분이 지방으로 축적된다.)
When his grandson was born, the old lord laid down a case of best wine for the boy's 21st birthday.

* 그런데 lay down이라도 바로 아래에 있는 lie down의 과거형일 경우에는 모양이 같기 때문에 유의해야 된다. 이 때 lay down 다음에는 목적어가 올 수 없는 자동사이다.

I lay down on the grass.

(저는 풀밭에 누웠습니다.)

He lay down on the bed fully clothed.

(그는 옷을 다 입고 침대 위에 누웠다.)

The children lay down on their stomachs.

(그 아이들은 배를 깔고 엎드려 있었다.)

She walked across the floor and lay down on the bed.

(그녀는 방바닥 건너로 걸어가서 침대에 누웠다.)

He lay down on the cold bare floor with no blanket on it.

(그는 차가운 맨바닥에 이불도 깔지 않고 누웠다.)

Do you mind if I lay down for a few minutes?

I lay down on the bed with my shoes off to have a snooze.

〈lie down의 경우〉

Go and lie down for a while.

(가서 좀 누워 있어.)

I have a headache and need to lie down.

(나는 두통이 있어서 누워야겠다.)

He lay down on the sofa and soon fell asleep.

(그는 소파 위에 누워 곧 잠이 들었다.)

This room will do for three people to lie down.

(이 방은 세 사람이 누워도 충분하다.)

Lie down on your bed and make yourself comfortable.

(침대에 편안하게 누우세요.)

Why don't you lie down for a while?
I think I'll go and lie down for half an hour.

◈ lay down과 lie down과 관련지어 볼 때 기본적으로 동사 lay와 lie에 대한 혼동이 일어난다. 따라서 이 두 동사에 대한 이해가 필요하다. 이 두 동사의 현재형, 과거형과 과거분사형도 동시에 이해할 필요가 있다.

▶ lay는 다양하게 쓰인다. lay는 ① "(특히 살며시 조심스럽게) 놓다[두다]", ② "(무엇을 사용하기 위해 특히 바닥에) 놓다[깔다/설치하다]", ③ "(…의 위를 덮도록 펼쳐서) 깔다, 널다", ④ "(새 · 곤충 · 어류가) (알을) 낳다", ⑤ "(상 · 식탁을) 차리다", ⑥ "(법안 등을) 제출[제시/상정]하다", ⑦ "(책임 · 부담 등을) 지우다[과하다]", ⑧ "…하다(명사와 함께 동사구를 형성하여 그 명사의 동사 의미를 나타냄)", ⑨ "(계획 등을) 세우다[준비하다]", ⑩ 흔히 수동태로 쓰이면서 속어로 "…와 섹스하다", ⑪ "(불을) 피우다[지피다]"와 ⑫ "(돈 · 내기를) 걸다"라는 뜻으로 쓰인다.

lay는 목적어를 취하는 타동사로서 lay의 과거형은 laid와 과거분사형 또한 규칙적으로 변한다. 그리고 lay의 현재분사형은 laying이다. 이 가운데 lay는 주로 ①, ②와 ③의 뜻으로 쓰인다.

①의 예

He laid a hand on my arm.
(그가 내 팔에 손을 얹었다.)
The cloth should be laid flat.
(천을 평평하게 펼쳐 놓아야 한다.)
The horse laid back its ears.
(그 말은 귀를 뒤로 젖히고 있었다.)

Carefully lay each slab in place.
(석판을 하나하나 조심해서 제자리에 놓아라.)
Relatives laid wreaths on the grave.
(친척들이 그 무덤에 화환을 놓았다.)
She laid the baby down gently on the bed.
She laid the money on the table in front of me.

②의 예

to lay a carpet/cable/pipe(카펫을 깔다/케이블/배관을 설치하다)
Lay a sheet of newspaper on the floor.
(바닥에 신문지 한 장을 깔아라.)
Where do you want me to lay the carpet?
(카페트를 어디에 깔까요?)
The foundations of the house are being laid today.
(오늘 그 집의 기초를 놓고 있다.)
They had laid the groundwork for future development.
(그들이 앞으로의 발달을 위한 토대를 놓았었다.)
* 이 글은 비유적인 표현이다.
Carefully lay each slab in place.
Public utilities dig up roads to lay pipes.

③의 예

The floor was laid with newspaper.
(그 바닥에는 신문지가 깔려 있었다.)
The grapes were laid to dry on racks.
(그 포도들은 마르도록 선반에 널려 있었다.)

Lay a net when you want to have a good harvest.

(좋은 수확을 원한다면 그물을 쳐라. 좋은 수확을 원한다면 그물을 쳐라.)

My mother lay a snow-white tablecloth on the table.

(어머니는 테이블 위에 새하얀 식탁보를 놓는다.)

Before they started they laid newspaper on the floor.

(그들은 (일을) 시작하기 전에 바닥에 신문지를 깔았다.)

Lay a tablecloth on the table.

Lucilla was alone in the sitting-room when the waiter came to lay the cloth.

④의 예

new-laid eggs(새로 낳은 달걀)

The hens are not laying well.

(암탉들이 알을 낳지 못하고 있다.)

Adult frogs lay their eggs in water.

(다 자란 개구리는 물속에 알을 낳는다.)

The fish lay thousands of eggs at one time.

(그 물고기는 한 번에 수천 개의 알을 낳는다.)

The cuckoo lays its eggs in other birds' nets.

(뻐꾸기는 다른 새의 둥지에 알을 낳는다.)

They lay their eggs in the north and then die there.

(그들은 북쪽에서 알을 낳은 다음 그 곳에서 죽는다.)

They lay eggs about six times a year.

For example, they lay eggs under rocks.

⑤의 예

to lay the table(밥상을 차리다)

Now let us lay the table for supper.

(자 우리 저녁상을 차리자.)

I love to lay the table for my parents every Sunday morning.

(나는 일요일 아침마다 부모님을 위해 식탁을 차리는 것을 좋아한다.)

The butter always laid the table.

Do you want me to lay the table.

⑥의 예

The bill was laid before Parliament.

(그 법안은 의회에 상정되었다.)

The bill has been laid before the House of Commons.

(그 법안은 하원에 제출됐다.)

Look, I'm just gonna lay out your best option for you.

(이것 봐, 나는 너를 위해 가장 좋은 안을 내어놓을 것이야.)

The Bill also provides for annual reports to be laid before Parliament.

(그 법안은 또한 의회에 상정될 연례 보고를 위해 제공한다.)

The Bill was laid before Parliament for first reading December 2017.

⑦의 예

to lay a responsibility/burden on sb(…에게 책임/부담을 지우다), to lay sb under an obligation to do sth(…에게 ~을[를] 할 의무를 과하다)

Don't lay an obligation upon another person.

(남에게 책무를 지우려고 하지 마.)

Don't try to lay your fault at another's door.

(네 잘못을 남에게 되씌우려 하지 마라.)

The government is going to lay tax on education, too.

(정부는 또한 교육에도 과세할 것이다.)

The government creates a series of liberal reforms that lay heavy tax burdens on the rich.

(그 정부는 부유한 사람들에게 과도한 세금 부담을 지우기 위한 일련의 진보적인 개혁안을 마련한다.)

I have tried to identify the right place at which to lay responsibility for the giving of reasons.

(나는 이유를 제공하면서 책임을 지우기 위한 올바른 자리를 알아보고 있다.)

The community charge will lay the burden of rates on all the people instead of some of them.

He could not bear to lay too much responsibility for the unhappiness of his later years on his own shoulders.

⑧의 예

to lay the blame on sb(…을[를] 비난하다)

Why do I lay such emphasis on this?

(내가 왜 이런 것에 중점을 두나?)

Are you trying to lay the blame on me now?

(당신은 지금 나를 비난하려는 겁니까?)

Our teacher lay great stress on good spelling.

(우리 선생님은 철자를 잘 쓰는 것을 대단히 강조하신다.)

In employing people we lay stress on their characters.
(당사는 인물 본위로 채용합니다.)
I had to lay restraint on tears when I heard the bad news.
(나는 나쁜 소식을 들었을 때 눈물을 억눌러야만 했다.)
We lay emphasis on the importance of being sincere.
Police have decided not to lay charges over allegations of a telephone tapping operation.

⑨의 예

to lay a trap for sb(…을[를] 잡을 덫을 놓다[함정을 꾸미다])
Lay the ground before you act.
(네가 행동하기 전에 준비하라.)
She began to lay her plans for her escape.
(그녀는 탈출할 계획을 세우기 시작했다.)
Lay a scheme before you're doing anything.
(무언가를 하기 전에 계획을 세워라.)
Bad weather can upset even the best-laid plans.
(날씨가 안 좋으면 아무리 잘 세운 계획도 잘 못될 수 있다.)
As he regained strength he began to lay plans again.
(그가 기운을 회복했을 때 다시 계획을 세우기 시작했다.)
They were laying a trap for the kidnapper.
The organisers meet in March to lay plans.

⑩의 예

I'm ready to lay her any time!
(난 언제든 그녀와 잘 준비가 되어 있어!)

We all get laid before we graduate.
(우리 졸업하기 전에 총각 딱지를 떼어 보자는 거야.)
We don't care if we get laid or not.
(우리는 섹스를 하든 안 하든 신경 안 쓴다.)
He went out hoping to get laid that night.
(그는 그날 밤에는 섹스를 하게 되기를 바라면서 외출을 했다.)
You really have to want to get laid!
They go away on holiday hoping to get laid.

⑪의 예

With the hay in front of her she was ready to lay a fire.
(그녀는 앞에 건초를 놓고 불을 붙일 준비를 하였다.)
I'm wondering whether to lay a fire early.

⑫의 예

to lay a bet(내기를 걸다)
I will lay you a bet.
(나는 너와 내기를 하겠다.)
I lay five dollars on it.
(나는 그것에 오 달러를 건다.)
She had laid $100 on the favourite.
(그녀는 우승 후보 말에 백 달러를 걸었다.)
I'll lay odds on him getting the job.
(난 그가 그 직장에 취직이 된다는 것에 내기를 걸겠다.)
I'll lay you any money you like (that) he won't come.
(난 그가 안 올 거라는 데 얼마든 네가 원하는 대로 돈을 걸겠어.)

I'll lay you any bet you want.

Want to lay some money down on it?

▶ lie는 크게 보아 두 갈래로 나뉜다. 첫째로 lie는 ① "(사람 · 동물이) 누워 있다, 눕다", ② "(사물이) (기다랗게 가로) 놓여 있다", ③ "(어떤 상태로) 있다[계속 있다/있게 되다]", ④ "(소도시 · 강 · 산 등이 특정한 장소에) 있다. 위치해 있다", ⑤ "(특정한 곳에) 펼쳐져 있다", ⑥ "(생각 · 특질 · 문제 등이) 있다. 발견되다"와 ⑦ "(경쟁에서 어느) 위치[자리]에 있다"라는 뜻으로 쓰인다. 둘째로 lie는 "거짓말하다"라는 뜻으로 쓰인다. 첫째의 경우 lay와 마찬가지로 다양하게 쓰임을 알 수 있다.

◉ 다양한 의미의 lie

lie는 목적어를 취하지 않는 자동사로서 lie의 과거형은 lay와 과거분사형은 lain으로 불규칙적으로 바뀐다. 그리고 lie의 현재분사형은 lying이다.

①의 예

to lie on your back/side/front(똑바로[등을 대고]/옆으로/엎드려 누워 있다 [눕다])

Lie on your right side, please.

(오른쪽으로 돌아 누우세요.)

The cat was lying fast asleep by the fire.

(그 고양이는 난롯가에서 곤히 잠이 든 채 누워 있었다.)

I lie awake every night because of insomnia.

(나는 불면증 때문에 매일 밤 잠이 깬 채 누워 있다.)

I'll put up a beach umbrella and lie in the shade.

(나는 파라솔을 펴고 그늘에 누워 있겠어요.)

He continued to lie on his back and look at clouds.

(그는 똑바로 누워서 계속 구름을 쳐다보았다.)

I lay down on the bed and fell sound asleep.

He was lying on his back, staring up at the sky.

②의 예

The book lay open on his desk.

(그 책은 그의 책상 위에 펼쳐진 채 놓여 있었다.)

Clothes were lying all over the floor.

(옷들이 온 바닥에 놓여 있었다.)

The goods lie wasting in the warehouse.

(그 상품은 창고 속에 방치되어 있다.)

Icebergs lie in the course[track] of the boat.

(빙산이 배의 진로를 가로막고 있다.)

Any liquid water would lie beneath the surface.

(어떤 액체 상태의 물이든 표면 아래에서는 (얼거나 증발하지 않고) 존재할 수 있다.)

Sheets of paper lie about the room.

Broken glass lay scattered on the carpet.

③의 예

a ship lying at anchor(닻을 내리고[정박해] 있는 배)

All the goods lie in pledge.

(그 상품은 모두 담보로 잡혀 있다.)

Snow was lying thick on the ground.

(눈이 땅 위에 수북이 쌓여 있었다.)

The body will lie in state before it is buried.

(시신은 매장되기 전에 안치된다.)

The farmer lets some of his land lie fallow each year.

(그 농부는 매년 토지의 일부를 묵혀두고 있다.)

These machines have lain idle since the factory closed.

(이 기계들은 공장이 폐쇄된 이후로 계속 놀고 있다.)

He sensibly decided to lie low for a while.

I'd rather use my money than leave it lying in the bank.

④의 예

The town lies on the coast.

(그 소도시는 해안에 위치해 있다.)

Icebergs lie in the course of the boat.

(빙산이 배의 진로를 가로막고 있다.)

The body will lie in state before it is buried.

(시신은 매장되기 전에 안치된다.)

During the winter the seeds lie dormant in the soil.

(겨울 동안에는 씨앗들이 성장을 하지 않고 흙 속에 그대로 있다.)

The islands lie at the southern end of the Kurile chain.

(그 섬들은 쿠릴 열도 남단에 있다.)

Most of Mexico's big Cities lies within the Tropic of Cancer.

The 8,848-meter high mountain lies between Nepal and Tibet.

⑤의 예

The valley lies at our feet.

(그 계곡이 우리 발 아래로 펼쳐져 있다.)

Snow lay thickly over the fields.

(눈이 들판에 두껍게 펼쳐져 있었다.)

A blanket of snow lay on the ground.

(눈이 땅 위에 하얗게 덮여져 있었다.)

The whole town lay spread out before me.

(그 소도시 전체가 내 눈앞에 펼쳐져 있었다.)

Smoke lay heavy on the far side of the water.

(수면 저 건너편에 연기가 무겁게 드리워져 있었다.)

The valley lay below us.

It had been wet overnight, and a morning mist lay on the field.

⑥의 예

All elements must lie in parallel planes.

(모든 요소가 평행 기준면에 있어야 합니다.)

The truth may lie somewhere in between.

(그 진실은 사이 어딘가에 있을지도 모른다.)

Your grades lie at the mercy of the professor.

(네 성적은 교수님에 좌우된다.)

The problem lies in deciding when to intervene.

(문제는 언제 개입할 것이냐를 결정하는 데 있다.)

Your grades lie beyond my power, ask your professor.

(네 성적은 내 권한 밖에 있다, 교수님께 여쭤봐라.)

Worries about the wedding day lay heavily on his mind.

They will only assume that, as a woman, the fault lies with me.

⑦의 예

Anthony is lying in second place.

(앤서니가 이 위에 위치해 있다.)

Thompson is lying in fourth place.

(톰슨이 사 위에 위치해 있다.)

Blyth Tait is lying in second place.

(블리스 타이트는 이 위에 위치해 있다.)

Here lies of the body of Mary Taylor.

(여기 메어리 테일러의 시신이 묻혀 있다.)

The hardest part of the competition still lies ahead of us.

(경쟁에서 가장 힘든 부분이 여전히 우리 앞에 놓여 있다.)

I was going well and was lying fourth.

Cambridge United are lying third in the league.

▶ 위와 같이 다양한 뜻으로 쓰이는 lie는 동사 이 외에 명사 ① "(어떤 지역의) 지세[지형]"과 ② "(상황의) 형세"라는 뜻으로도 쓰인다.

①의 예

We went ahead to scout out the lie of the land.

(우리는 그 땅의 지형을 정찰하기 위해 앞서 나아갔다.)

The actual site of a city is determined by the natural lie of the land.

②의 예

Check out the lie of the land before you make a decision.

(결정을 내리기 전에 형세를 확인하라.)

◉ '거짓말하다'라는 뜻으로 lie

lie는 목적어를 취하지 않는 자동사로서 lie의 과거형은 lied와 과거 분사형 또한 lied로 규칙적으로 변한다. 그리고 lie의 현재 분사형은 lying이다.

Don't lie to me!

((나한테) 거짓말하지 마!)

The camera cannot lie.

(카메라는 거짓말을 하지 못한다[못 속인다].)

She lies about her age.

(그녀는 자기 나이에 대해 거짓말을 하고 있다.)

Father, I cannot lie to you.

(아버지, 전 아버지께 거짓말을 할 수 없어요.)

You could see from his face that he was lying.

(그의 얼굴을 보면 그가 거짓말을 한다는 것을 알 수 있었다.)

They did not lie for a second.

I wonder why he lied about his age?

▶ '거짓말하다'의 lie는 동사 이 외에 명사로 "거짓말"의 뜻으로도 쓰인다.

a barefaced lie(뻔뻔한 거짓말), to tell a lie(거짓말을 하다)

What she said was an out-and-out lie.

(그녀가 한 말은 완전히[하나에서 열까지 다] 거짓말이었다.)

The story was a lie from start to finish.

(그 이야기는 처음부터 끝까지 거짓말이었다.)

The whole story is nothing but a pack of lies.

(그 모든 이야기들이 전부 순 거짓말이다.)

I always know when he's telling lies.

All the boys told lies about their adventures.

11 originate와 come from의 차이

originate는 '비롯되다, 유래하다, 발명[고안]하다'라는 뜻으로 사물, 개념이나 관습 등과 관련되어 쓰인다. come from은 '~출신이다'라는 뜻으로 특별한 장소, 소도시나 나라 등에서 태어나거나 성장한 경우에 쓰인다. come from은 be from으로 바꿀 수도 있다.

〈originate의 경우〉

All carbohydrates originate from plants.
(모든 탄수화물은 식물에서 생긴다.)
The quarrel originated in a misunderstanding.
(그 말다툼은 오해에서 일어났다.)
Coal has originated from the decay of plants.
(석탄은 식물이 썩어서 생긴 것이다.)
Boba originated in Taiwan about 15 years ago.
(보바차는 십오 년쯤 전에 대만에서 처음 선을 보였다.)
Locke originated this theory in the 17th century.
(로크가 이 이론을 십칠 세기에 창안했다.)
The disease is thought to have originated in the tropics.
(그 병은 열대 지방에서 비롯된 것으로 여겨지고 있다.)
The fire originated from the 2nd floor of the residential complex.
(그 화재는 주거 단지의 이 층에서 발생하였다.)
No one really knows how the solar system originated.
Medicinal products which originate from biotechnology are now a reality.
The doll originates from a character in a children's book more than 100 years ago.

<come from의 경우>

He comes from Boston.
(그는 보스턴 출신이다.)
She comes from London.
(그녀는 런던 출신이다.)
Where do you come from?
(고향[사는 곳]이 어디세요?)
He comes from the middle class.
(그는 중류 계급 출신이다.)
Nearly half the students come from overseas.
(학생 거의 절반이 해외 출신이다.)
Where I come from, you don't rat on your friends.
(우리 고향에서는 친구를 밀고하지 않아.)
75 percent of chief executives come from inside the company.
(중역의 칠십오 퍼센트가 회사 내부 출신이다.)
Which part of Japan do you come from?
They come from totally different cultures.
Where does Agneta come from—Sweden or Norway?

<be from의 경우>

Mark Inglis is from New Zealand.
(마크 잉글리스는 뉴질랜드 출신이다.)
The owner of this place is from New York.
(이 곳 주인이 뉴욕 출신이에요.)
Hi, John. This is Cathy. She is from England.
(안녕, 존. 이쪽은 캐시야. 그녀는 영국에서 왔어.)

She is from[was born into] a distinguished family.
(그녀는 명문가 태생이다.)
The 18-year-old girl named Jyoti Amge is from India.
(조티 암지라는 이름의 열여덟 살의 소녀는 인도 출신입니다.)
Goodman is from Chicago, Illinois in the United States.
(굿맨은 미국 일리노이 주 시카고 출신이다.)
Jonathan is from Mississippi in the southern United States.
(조나단은 미국의 미시시피 출신이다.)
His name is Mike, and he is from Chicago.
He is from Canada so he speaks perfect English.
What's more surprising is that she is from Korea!

* 다른 언어로부터 언어가 파생하는[나오는] 경우에는 come from 또는 be derived from 을 쓴다.

So where does the word come from?
(그 낱말이 어디서 유래하니?)
Where did the name "Noel" come from?
("노을"이라는 이름은 어떻게 만드신 건지?)
Where does the term autism come from?
(자폐증이란 단어의 유래는 무엇인가?)
Where Does the Word Volcano Come From?
This word is derived from Latin.
(이 낱말은 라틴어에서 나온 것이다.)
These words were derived from the same root.
(이 낱말들은 동일 어근에서 나왔다.)
Thousands of English words were derived from Latin.
(영어의 수천 단어가 라틴어에서 파생되었다.)

The word yodel is derived from the German word jodeln.
(요들이라는 단어는 독일어 요들린이라는 단어로부터 유래했다.)
The word 'politics' is derived from a Greek word meaning 'city'.
(politics라는 낱말은 city(도시)를 의미하는 그리스어 낱말에서 나왔다)
The nae 'terrier' comes from the Latin word 'terra' meaning 'the earth'.
Desperation is derived from the Latin word "desperem", meaning "of action and condition from".

◈ come from은 "~출신이다" 뜻 이외에 "~에서 나오다[비롯되다]"라는 뜻으로도 쓰인다.
Where's that smell coming from?
(저 냄새는 어디서 나는 거지?)
Where does her attitude come from?
(그녀의 태도는 어디서 비롯된 거죠?)
This poem comes from his new book.
(이 시는 그의 새 책에 나온다.)
This wool comes from goat, not sheep.
(이 모직은 양이 아니라 염소에서 나온[염소 털로 만든] 것이다.)
Much of our butter comes from New Zealand.
(저희 버터는 많은 부분이 뉴질랜드에서 생산됩니다.)
His views come from his own humble beginnings.
(그의 견해는 불우했던 어린 시절의 경험에서 나온 것이다.)
Many of the best ideas come from doctors at the coalface.
(가장 좋은 생각들 중 많은 것들이 현장의 의사들에게서 나온다.)

Where does her attitude come from?

Where did these income figures come from?

CO_2 emissions come from the actions of individuals.

12 raise와 rise의 차이

raise와 rise는 둘 다 동사와 명사로 쓰이면서 비슷하게 보이지만 다르게 쓰인다. 동사로서 raise는 목적어를 필요로 하는 타동사이고, 동사로서 rise는 목적어가 없이 쓰이는 자동사이다.

raise는 ① "(무엇을 위로) 들어오리다[올리다/들다]", ② "(사람·몸 등을) 일으키다", ③ "(양·수준 등을) 올리다[인상하다/높이다]", ④ "(자금·사람 등을) 모으다, (어렵게) 얻어내다[형성하다]", ⑤ "(안건·문제 등을) 제기[언급]하다", ⑥ "불러일으키다, 자아내다, 발생시키다", ⑦ "(특히 미국에서) (아이·어린 동물을) 키우다", ⑧ "(가축을) 사육하다, (작물을) 재배하다", ⑨ "(무선·전화로 연락하여) 교신[통화]하다"와 ⑩ "(카드 게임에서 내기 돈을) 올리다[(돈을) 더 걸다]" 등의 뜻으로 쓰인다.

rise는 ① "(높은 위치·수준 등으로) 오르다, 올라가다[오다]", ② "(누워·앉아·무릎 꿇고 있다가) 일어나다"(=get up), ③ "(해·달이) 뜨다[솟다]", ④ "(사람들의 모임이) 끝나다", ⑤ "(수량이) 오르다[증가하다]", ⑥ "(더 나은 위치·계급 등으로) 오르다[떠오르다]"와 ⑦ "(소리가) 커지다[올라가다]", ⑧ "(기분·감정 등이) 고조되다[차오르다], (기운이) 솟아나다", ⑨ "(머리카락이) 뻗치다[쭈뼛거리다]"와 ⑩ "(땅이 오르막을) 이루다" 등으로 쓰인다.

raise는 무엇인가를 높은 곳으로 들어 올리거나 인상한다는 뜻이다. raise의 과거와 과거분사는 raised와 raised이고 진행형은 raising이다. rise는 사람이나 사물이 높은 곳으로 올라간다는 뜻이다. rise의 과거와 과거분사는 rose와 risen이고 진행형은 rising이다.

〈raise의 경우〉

①의 예

She raised the gun and fired.

(그녀가 총을 들어올려 쐈다.)

He raised a hand in greeting.
(그가 손을 들어올리며 인사했다.)
She raised her eyes from her work.
(그녀가 하던 일에서 눈을 들었다.)
If you want to ask a question, just raise your hand.

②의 예

Slowly raise the patient from the bed.
(환자를 천천히 침대에서 일으키세요.)
Tanks raise huge trails of dust when they move.
(탱크는 이동하면서 지나가는 자리에 엄청난 흙먼지를 일으킨다.)
Gradually raise your body into an upright position.
(천천히 몸을 똑바른 자세가 되도록 일으켜라.)
Somehow we managed to raise her to her feet.

③의 예

They raised their offer to $500.
(그들이 제시 가격을 500달러로 올렸다.)
How can we raise standards in schools?
(우리가 어떻게 학교의 수준을 높일 것인가?)
I've never heard him even raise his voice.
(나는 그가 목소리를 높이는 것을 들은 적이 없다.)
They wouldn't dare to raise taxes just before an election.

④의 예

The governor raised a loan last month.
(주지사가 지난달에 공채를 모집했다.)

The concert will raise money for local charities.

(그 콘서트에서는 지역 자선 단체들을 위한 돈을 모금할 것이다.)

The project needs to raise £8 million in sponsorship.

(그 프로젝트는 후원을 받아서 팔백 만 파운드를 모아야 한다.)

We are raising money for charity.

⑤의 예

I'm glad you raised the subject of money.

(당신이 돈 문제를 꺼내니 다행이군요.)

The book raises many important questions.

(그 책은 많은 중요한 질문을 제기하고 있다.)

If you raise it at the meeting, I'll support you.

(만약 당신이 회의에서 그것을 발의하면 제가 재청을 하겠어요.)

I'd like to raise a question about the fee.

⑥의 예

The project should raise general awareness about bullying.

(그 연구 과제는 약자를 괴롭히는 폭력에 대한 일반 사람들의 인식을 높일 것이다.)

It had been a difficult day but she managed to raise a smile.

(그날은 힘든 하루였지만 그녀는 용케 미소를 지었다.)

The plans for the new development have raised angry protests from local residents.

(그 새 개발 계획은 지역 주민들로부터 성난 항의를 불러일으켰다.)

The agreement has raised hopes that the war may end soon.

⑦의 예

I was born and raised a city boy.

(나는 도시 소년으로 나고 자랐다.)

I'll raise my kids the way I want to.

(저는 제가 원하는 방식으로 제 애들을 키우겠어요.)

The lessons are about how to raise good children.

(그 수업들은 어떻게 해야 훌륭한 아이들을 기르냐에 관한 것이다.)

They were both raised in the South.

⑧의 예

If we get enough rain, you could raise corn.

(우리가 충분한 비만 있으면, 당신은 옥수수를 재배할 수 있을 것이다.)

Africans also began to raise sheep and cattle.

(아프리카 사람들은 양과 소를 키우기 시작했다.)

Many people love to raise pets, be they dogs or cats.

(많은 사람들은 개가 되던 고양이가 되든지 간에 반려동물을 기르는 것을 좋아한다.)

He grew up in Nebraska where his parents raised chickens.

* 식물, 야채나 동물 등을 식용으로 특별히 농장에서 재배하거나 기르는 경우에는 raise를 쓰지만, 정원에서 관상용 또는 재미로 식물, 야채나 꽃을 재배하는 경우에는 grow('재배하다')를 쓴다.

We used to grow parsley once.

(우리가 전에 한 번 파슬리를 키우곤 했어.)

I grow vegetables in a tiny plot.

(나는 작은 땅에서 야채들을 가꾼다.)

What sorts of things do you grow?

(어떤 종류의 것들을 키우나요?)

This year I thought I'd try growing a few tomatoes.

⑨의 예

I can't raise Melbourne.

(저는 멜버른과 교신할 수 없어요.)

We managed to raise him on his mobile phone.

(우리는 간신히 그의 휴대 전화로 그와 통화를 했다.)

Would you please try to raise them on the phone?

(당신은 그들과 전화로 통화를 해 보시겠습니까?)

Raised on the Internet, instant messages and cell phones, they respond to personal communication rather than mass media, he said.

⑩의 예

I'll raise you!

(내가 더 걸겠어!)

I'll raise you another hundred dollars.

(내가 백 달러 더 걸겠다.)

Card players agreed to raise the ante.

(카드꾼들은 밑돈을 올리기로 했다.)

I just raised a hundred dollars.

◈ raise가 명사로 쓰이는 경우는 "임금[급여] 인상"이다. 이 경우 영국에서는 rise를 쓴다.

His ask for the raise was turned down.

(그의 임금 인상 요구는 받아들여지지 않았다.)

We've been shooting for a pay raise for months.

(우리는 여러 달 동안 임금 인상을 위해 애쓰고 있다.)

I can't come right out and ask the boss for a raise.

(난 당당히 나서서 사장에게 월급을 올려달라고 말을 못하겠어.)

The State Government simply can't afford to give all teachers a raise.

◈ raise가 구동사(phrasal verb)로 쓰이는 경우에는 raise sth to sb/sth가 있다.

raise sth to sb/sth: raise sth to sb/sth는 "…을[를] 기념하는(기념관 · 기념탑 등의) …을[를] 세우다"라는 뜻이다.

We raised a loving monument to their memory.

(우리는 그들을 기념하기 위해서 애정이 담긴 기념비를 세웠다.)

The town raised a memorial to those killed in the war.

(그 소도시에서는 전몰장병 기념비를 세웠다.)

Raising up this Memorial took skill and vision and patience.

(전몰장병 기념비를 세우는 것은 기술, 예지력과 인내를 요했다.)

They planned to vanquish the evil giant and cut the cedars to raise a monument to the gods.

◈ raise가 숙어로 쓰이는 경우에는 raise a/one's hand against/to sb, raise one's eyebrows (at sth), raise one's glass (t0 sb), raise hell, raise the roof과 raise sb's spirits 등이 있다.

▶ raise a/one's hand against/to sb: raise a/one's hand against/to sb는 "(손을 들어) 치다/치려고 하다"라는 뜻이다.

I would never raise a hand to my boy!

(나는 결코 내 아이에게 때리지 않을 것이다!)

How dare you raise your hand to your mother?

(네가 어떻게 감히 너의 어머니를 때리려 든단 말이냐?)

You must not raise your hand against your children in any circumstances.

(무슨 일이 있어도 아이들에게 손대서는 안 된다.)

I would never raise a hand to my boy!

▶ raise one's eyebrows (at sth): raise one's eyebrows (at sth)는 "(불만·놀람의 표시로) 눈썹을 치켜올리다"라는 뜻이다. 이 경우는 흔히 수동태로 쓰인다.

Don't raise your eyebrows

(자네 눈썹을 치켜올리지마.)

Why are you raising your eyebrows?

(얘가 왜 눈썹을 치켜뜨고 그래?)

Eyebrows were raised when he arrived without his wife.

(그가 아내 없이 도착하자 사람들 눈썹이 치켜올라갔다.)

They smile, raise their eyebrows, show grief or embarrassment all via their cell phones.

▶ raise one's glass (to sb): raise one's glass (to sb)는 "(행복 · 행운 등을 기원하며) 술잔을 들어 보이다"라는 뜻이다.

You raised one's glass to him!

(술잔을 들고 그를 위해 건배합시다!)

Everyone raise your glasses. Let's make a toast.

(다들 술잔을 높이 드세요. 다 같이 건배합시다.)

He raised his glass and indicated that I should do the same.

(그는 잔을 들어 올리고 나도 똑같이 하라는 눈치를 주었다.)

All raise your glasses and drink to Katie and Tom!

▶ raise hell: raise hell은 "마구 화를 내며 항의하다"라는 뜻이다.

He'll raise hell if we don't finish on time.

(만약 우리가 제때 끝내지 않으면 그는 마구 화를 낼 것이다.)

On Friday night, beer drinkers raise hell in the pub.

(금요일 밤에는 술집에서 취객들이 소동을 부린다.)

The boss raised hell with the staff for working too slowly.

(그 상사는 직원이 너무 느리게 일한다고 까댔다.)

Because they been raising hell all their life, now they shy.

▶ raise the roof: raise the roof는 "(어떤 건물 안에서) ~이 떠나가게 떠들어 대다[함성을 지르다 등]"이란 뜻이다.

They raised the roof, called it a travesty.

(그들은 그것이 모조품이라며 야단법석을 떨었다.)

Why are you raising the roof over nothing?

(아무것도 아닌 일을 가지고 왜 야단법석입니까?)

She raised the roof that she didn't like the food.

(그녀는 음식이 맛없다며 크게 떠들어 댔다.)

When he was late for work again, his boss raised the roof.

▶ raise sb's spirits: raise sb's spirits는 "~의 사기를 북돋우다"라는 뜻이다.

Good weather always raises her spirits.

(좋은 날씨는 항상 그녀의 사기를 북돋운다.)

Once I saw people cheering me on, it really raised my spirits.

(사람들이 저를 응원하는 것을 보자, 정말 기운이 솟아났습니다.)

In a time of tragedy, laughing is extremely important; it helps raise people's spirits.

(비극이 발생한 시기에, 웃음은 매우 중요한데 이것은 사람들의 기분을 끌어올리는데 도움이 된다.)

〈rise의 경우〉

①의 예

Smoke was rising form the chimney.

(굴뚝에서 연기가 피어오르고 있었다.)

The thermometer rose to 30 degrees.

(온도계의 수은주는 삼십 도로 올랐다.)

The river has risen [by] several meters.

(강물 수위가 몇 미터 오라왔다[강물이 몇 미터 불어났다.])

The powdery dust rose in a cloud around him.

②의 예

She rose to her feet.

(그녀가 일어섰다.)

They rose from the table.

(그들은 식탁에서 일어났다.)

He was accustomed to rising early.

(그는 일찍 일어나는 데 익숙해 있었다.)

He looked at Livy and Mark, who had risen to greet him.

③의 예

The sun rises in the east.

(해는 동쪽에서 뜬다.)

The sun rises in the morning.

(해는 아침에 뜬다.)

Why does the sun rise earlier in Seoul than in Beijing?

(해는 왜 베이징에서 보다 서울에서 일찍 뜹니까?)

He wanted to be over the line of the ridge before the sun had risen.

④의 예

The court will rise at 5.

(다섯 시에 폐정합니다.)

The House rose at 10 p.m.

(하원 모임은 밤 10시에 끝났다.)

The court rose and the judge and most legal representatives left the room.

(폐정되어 판사와 대부분의 법정 대리인들이 자리를 떠났다.)

The meeting rose at 6 pm.

⑤의 예

The price of gas rose.

(연료비가 올랐다.)

Prices continue to rise month after month.

(물가가 매월[다달이] 계속 오른다.)

The price of cigarettes is set to rise again.

(또 다시 담뱃값 인상이 결정되었다.)

Investment levels have fallen, while the number of business failures has risen.

⑥의 예

She rose to power in the 70s.

(그녀는 칠십 년대에 권좌에 올랐다[집권했다].)

He rose to the rank of general.

(그는 장군 계급에까지 올랐다.)

She rose through the ranks to become managing director.

(그녀는 직급이 자꾸 올라 상무이사가 되었다.)

She is a strong woman who has risen to the top of a deeply sexist organization.

⑦의 예

Her voice rose angrily.

(그녀의 목소리가 화가 나서 커졌다.)

Her voice rose in excitement.

(그녀는 흥분하여 목소리가 높아[커]졌다.)

When mother's voice rises, we know we are in trouble.

(어머님의 목소리가 커질 때 우리가 곤경에 처한다는 것을 안다.)

Her voice rose almost to a scream.

⑧의 예

His spirits rose at the news.

(그 소식으로 힘이 불끈 솟았다.)

He felt anger rising inside him.

(그는 속에서 화가 치밀어 오르는 것을 느꼈다.)

A tide of emotion rose and clouded his judgement.

(감정이 파도가 고조되어 그의 판단력을 흐리게 했다.)

The thought made anger rise in him and he went into a bar and had a double whisky.

⑨의 예

My hair rose at the sight.

(그 광경을 보고 내 머리털이 곤두섰다.)

I have heard some stories that make my hair rise.

(내 머리털이 쭈뼛 서게 하는 어떤 이야기를 나는 들었다.)

The hair on the back of my neck rose when I heard the scream.

(그 비명 소리를 들었을 때 나는 목 뒷부분의 머리카락이 쭈뼛 섰다.)

Duncan felt the hairs rise on the back of his neck.

⑩의 예

The path rises in a gentle curve.

(길은 서서히 커브를 그리며 오르막이 된다.)

The ground rose steeply all around.

(땅이 온 사방으로 가파른 오르막을 이루고 있었다.)

The road rises steeply from the village.

(그 길은 마을에서부터 가파른 오르막이 된다.)

The ground begins to rise some 20 yards away.

◈ rise가 명사로 쓰이는 경우에는 ① "(수량 · 수준 등의) 증가[상승]", ② "임금[급여] 인상", ③ "성공, 출세, 발흥", ④ "(위로) 오르기, 상승"과 ⑤ "오르막" 등의 뜻으로 쓰이며 위로 움직이는 동작이나, 수나 양적인 증가를 나타낸다.

①의 예

Rates are on the rise again.

(금리가 다시 상승하고 있다.)

The industry is feeling the effects of recent price rises.

(그 업계가 최근에 있은 가격[물가] 상승의 효과를 느끼고 있다.)

There has been a sharp rise in the number of people out of work.

(실직한 사람들의 수가 급증했다.)

For those on low incomes, another rise in the cost of living could be devastating.

②의 예

* 미국에서는 이 경우의 뜻으로 raise를 쓴다.

I'm going to ask for a rise

(나는 임금 인상을 요구할 것이다.)

They are sticking out for a higher pay rise.

(그들이 더 많은 임금 인상을 끈질기게 요구하고 있다.)

He criticized the huge pay rises awarded to industry bosses.
(그는 업계 사장들에게 주어진 막대한 급여 인상을 비판했다.)
He will get a pay rise of nearly ￡4,000.

③의 예

The rise and fall of the nation depends on this issue.
(이것은 국가의 흥망성쇠가 걸린 문제다.)
The rise of Fascism and the Spanish Civil War did much to polarize American society.
(파시즘의 발흥과 스페인 내전은 미국사회를 양극화시키는데 큰 역할을 했다.)
The meteoric rise to fame of Scottish singer Susan Boyle will be turned into a real-life stage musical.
(혜성같이 등장한 스코틀랜드 가수 수잔 보일의 명성은 진정한 삶을 보여주는 뮤지컬 무대로 바뀌게 될 예정이다.)
You can watch the rise and fall of dozens of empires from the medieval Byzantine to the modern Russia.

④의 예

You will perceive the fish rise out of the water.
(물고기가 수면 위로 뛰어오르는 것을 감지하게 될 것이다.)
We are expecting a rise in food prices this month.
(이번 달에는 식료품 값이 오를 것으로 예상된다.)
She watched the gentle rise and fall of his chest as he slept.
(그녀는 자고 있는 그의 가슴이 부드럽게 오르내리는 것을 지켜보았다.)
She felt a warm blush rise to her cheeks.

⑤의 예

We sat at the top of a small rise.
(우리는 자그마한 오르막 꼭대기에 앉았다.)
The church was built at the top of a small rise.
(그 교회는 작은 오르막 꼭대기에 지어졌다.)
There's a slight rise in the road just before our house.
(우리집 바로 앞 길에 약간의 오르막이 있다.)
I climbed to the top of a rise overlooking the ramparts.

◈ rise가 구동사로 쓰이는 경우에는 rise above sth, rise to sth과 rise up against sb/sth이 있다.

▶ rise above sth: rise above sth은 ① "(문제 · 모욕 등에) 굴하지 않다", ② "~에 초연하다"와 ③ "…을[를] 초월하다[넘어서다]"로 쓰인다.

①의 예

Clever people can rise above their biology.
(영리한 사람들은 그들의 생물학적 조건을 극복한다.)
She had the courage and determination to rise above her physical disability.
(그녀는 신체적 장애에 굴하지 않는 용기와 투지가 있었다.)
She rose above the difficulty of being deaf to become an excellent teacher.
(그녀는 훌륭한 교사가 되기 위해 귀가 먹는 어려움도 굴하지 않았다.)
It tells the story of an aspiring young man's attempt to rise above the squalor of the street.

②의 예

I try to rise above prejudice.

(나는 편견에 초연해지려고 노력한다.)

In this poem, Tennyson is trying to rise above his grief and face life with resolution.

(이 시에서 테니슨은 슬픔을 극복하고 결연하게 삶을 맞으려하고 있다.)

It's time for people to rise above petty bickering and behave with respect and humility.

(국민들이 사소한 언쟁을 넘어서서 상호 존중과 겸손으로 처신해야 할 때이다.)

FOX News is attempting to rise above politics on the global warming debate.

③의 예

The genius rises above the crowd.

(그 천재는 단연 돋보인다.)

His work rarely rises above the mediocre.

(그의 작품은 범작을 넘는 경우가 드물다.)

In the weeks ahead, the Senate will have an opportunity to rise above partisanship.

(앞으로 몇 주 후, 상원은 당파성을 초월할 기회가 있을 것이다.)

Women are forced to rise above being a woman.

▶ rise to sth: rise to sth은 ① "(예상 밖의 상황 · 문제 등에 직면하여) 능력을 발휘하다"와 ② "(남의 계획대로) 넘어가다[말려들다]"로 쓰인다.

①의 예

He will rise to any occasion.
(그는 무엇을 맡겨도 능히 감당해 낼 것이다.)
Luckily, my mother rose to the occasion.
(다행히 우리 어머니께서는 위기 상황 때 더 능력을 발휘하셨다.)
He was determined to rise to the challenge.
(그는 도전에 맞서 능력을 보여 주리라 다짐했다.)
They constantly said not to rise to the provocations.

②의 예

I refuse to rise to that sort of comment.
(나는 그런 종류의 논평에 말려들지 않겠다.)
I do not rise to the bait of being called unrealistic.
(나는 비현실적인 것에는 걸려들지 않는다.)
As soon as I mentioned money he rose to the bait.
(내가 돈 얘기를 꺼내자마자 그가 미끼를 덥석 물었다.)
I think we shouldn't rise to the bait called wikipedia.

▶ rise up against sb/sth: rise up against sb/sth은 "~에 항의하여 들고 일어나다"라는 뜻이다.

The workers rose up against unfair working hours.
(노동자들은 불공정한 작업 시간에 항의하여 들고 일어났다.)

He called on the people to rise up against the invaders.
(그는 사람들에게 침략군에 맞서서 들고 일어나라고 요청했다.)
The people of Lebanon rose up against the Syrian occupation.
(레바논 국민들은 시리아 점령에 항의하여 들고 일어났다.)
Brave men and women in the past have risen up against unjust wars.

◈ rise가 숙어로 쓰이는 것으로 get a rise out of sb와 give rise to가 있다.

▶ get a rise out of sb: get a rise out of sb은 "…를[을] 약 올리다, ~의 노여움을 유발하다"라는 뜻이다.
Are you trying to get a rise out of me?
(넌 나를 약 올리려고 하는 거니?)
He's just doing it to get a rise out of you.
(그는 그냥 너를 약 올리려고 그것을 하는 거야.)
It seemed as if she was doing it on purpose to get a rise out of people.
(그녀는 사람들을 약 올리려고 고의로 그 일을 하는 것처럼 보였다.)
She always got a rise out of him by copying his accent.

▶ give rise to: give rise to는 "~이 생기게 하다"라는 뜻이다.
The question gave rise to much controversy.
(그 문제는 많은 논쟁을 불러 일으켰다.)
The novel's success gave rise to a number of sequels.
(그 소설의 성공으로 몇 권의 속편이 나왔다.)

Her strange behavior gave rise to rumors that she was crazy.
(그녀의 이상한 행동은 그녀가 미쳤다는 소문을 낳았다.)
Occupational diseases give rise to the same entitlement as accidents at work.

13 realize와 recognize의 차이

realize는 ① "깨닫다, 알아차리다, 인식[자각]하다", ② "(목표 등을) 실현[달성]하다", ③ "(우려 등이) 현실이 되다[실제로 발생하다]", ④ 격식을 차리는 경우에 "(자산을) 실현하다[현금화하다]"(=convert), ⑤ 격식을 차리는 경우에 "(상품 등이) (특정한 금액에) 팔리다"(=make)와 ⑥ 격식을 차리는 경우에 "(글로 된 정보 · 지식 등에 기반하여 음향 · 연극 · 디자인 등을) 실현하다[만들어내다]"라는 뜻으로 다양하게 쓰인다. realize는 주로 '특별히 어떤 것에 대해 생각하거나 그것에 대해 새로운 정보를 받아들여서 어떤 사실이나 어떤 것의 진정한 의미를 갑자기 인식하는' 경우에 쓰인다.

recognize는 ① "(어떤 사람 · 사물을 보거나 듣고 누구 · 무엇인지) 알아보다[알다]",② "(존재 · 진실성을) 인정[인식]하다", ③ "공인[승인]하다", ④ "(~으로) 인정[공인]하다"와 ⑤ "(공로를) 인정[표창]하다"라는 뜻으로 다양하게 쓰인다. recognize는 주로 '예전에 어떤 것을 보았거나/들었거나/냄새를 맡았기 때문에 어떤 것이 무엇인지를 아는' 경우와 '예전에 누군가를 보았기 때문에 누군가가 누구인지를 아는' 경우에 쓰인다.

〈realize의 경우〉

①의 예

* 이런 뜻으로 쓰이는 경우에는 진행형으로 쓰이지 않는다.

Only later did she realize her mistake.
(나중에서야 그녀는 자기 실수를 깨달았다.)

I didn't realize (that) you were so unhappy.
(나는 당신이 그렇게 불행한 줄 알아차리지 못했다.)

I hope you realize the seriousness of this crime.
(당신들이 이 범죄의 심각성을 인식하기를 바란다.)

They managed to leave without any of us realizing.
(그들은 용케 우리들 가운데 아무도 알아차리지 못하게 떠났다.)
I don't think you realize how important this is to her.
(당신은 이것이 그녀에게 얼마나 중요한지 인식하지 못하고 있는 것 같다.)
The moment I saw her, I realized something was wrong.
(나는 그녀를 보는 순간 뭔가가 잘못 됐다는 것을 알아차렸다.)
There was a cheer when it was realized that everyone was safely back.
(모두가 안전히 돌아왔다는 것을 깨닫자 환호성이 터져 나왔다.)
The situation was more complicated than they had at first realized.
I suddenly realized that the thumping I could hear was the sound of my own heart.
It was only when I saw the expression on the doctor's face that I realized the seriousness of her illness.

②의 예

I didn't realize you had political aspirations.
(난 당신이 정치적 포부를 갖고 있는지 몰랐다.)
We try to help all students realize their full potential.
(우리는 모든 학생들이 자신의 잠재력을 충분히 실현할 수 있도록 돕고자 한다.)
This summer I will realize my dream of going to France.
(이번 여름에 나는 프랑스에 가보는 내 꿈을 이룰 것이다.)
I hope you guys do your best in realizing your own dreams.
(이런 중요한 시기에 자신의 꿈을 이루기 위해 최선을 다하셨으면 합니다.)

She never realized her ambition of becoming a professional singer.

(그녀는 직업 가수가 되려던 야망을 결코 실현시키지 못했다.)

I think probably that the laser has not realized the potential that was expected of it in that domain.

The support systems to enable women to realize their potential at work are seriously inadequate.

③의 예

* 이런 뜻으로 쓰이는 경우에는 주로 수동태로 쓰인다.

Straightaway our worst fears were realized.

(곧장 우리의 최악의 공포가 실제로 발생했다.)

They did not realize that they were being lured into a trap.

(그들은 덫으로 유인당하고 있다는 것을 인식하지 못했다.)

His worst fears were realized when he saw that the door had been forced open.

(누군가가 문을 억지로 따고 연 것을 보았을 때 그가 우려했던 최악의 일은 현실이 되었다.)

Straightaway our worst fears were realized.

Those are our hopes; we are starting this clinical trial to investigate whether those hopes will be realized.

④의 예

realize your assets((자산을) 실현하다[현금화하다])

We realized all our assets

(우리는 우리의 모든 자산을 현금화했다.)

We were obliged to realize most of our assets.

⑤의 예

The car realized $5,000.

(그 자동차는 오천 달러에 팔렸다.)

The paintings realized $2 million at auction.

(그 그림들은 경매에서 이백만 달러에 팔렸다.)

A selection of correspondence P G Wodehouse realized $2,000.

⑥의 예

The stage designs have been beautifully realized.

(무대 디자인이 정말 멋지게 실현되었다.)

The kaleidoscopic quality of the book is brilliantly realized on stage.

(그 책의 만화경 같은[변화무쌍한] 특징이 눈부시게 무대 위에서 상연되었다.)

Various textile techniques will be explored to realize design possibilities.

〈recognize의 경우〉

①의 예

* 주로 recognize sb/sth (by/from sth)의 형태로 쓰인다.

Do you recognize this tune?

(이 곡조 알겠니?)

I recognized her by her red hair.

(나는 그녀의 빨간 머리를 보고 그녀를 알아보았다.)

It has a wry dryness you won't recognize.

(거기에는 당신이 알아채지 못할 묘한 천연덕스러움이 있습니다.)

Who's this from? I don't recognize the writing.

(이것이 누구에게서 온 거죠? 누구 필체인지 모르겠어요.)

You can recognize the fish by the shape of their fins.
(그 물고기는 지느러미 모양으로 알아볼 수 있다.)
I recognized him as soon as he came in the room.
She looked so haunted, I almost didn't recognize her.

②의 예

* 주로 recognize sth (as sth)의 형태로 쓰인다.

Drugs were not recognized as a problem then.
(그 때에는 약물이 문제로 인식[인정]되지 않았다.)
Nobody recognized how urgent the situation was.
(상황이 얼마나 긴박한지를 아무도 인식하지 못했다.)
We recognized that the task was not straightforward.
(우리는 그 과제가 간단하지 않다는 것을 인식[인정]했다.)
They recognized the need to take the problem seriously
(그들은 그 문제를 진지하게 받아들일 필요성을 인정했다.)
It was recognized that this solution could only be temporary.
(이 해결책은 일시적인 것일 뿐일 것이라는 인식이 있었다.)
I recognize my own shortcomings.
Well, of course I recognize that evil exists.

③의 예

* 주로 recognize sb/sth (as sth)의 형태로 쓰인다.

recognized qualifications(공인된 자격)
He is recognized to be their natural leader.
(그는 그들의 타고난 지도자로 공인받고 있다.)

The UK has refused to recognize the new regime.
(영국은 그 새 정권을 승인하기를 거부해 왔다.)
Alabama was the first U.S. state to officially recognize Christmas in 1836.
(앨라배마가 천팔백삼십육 년에 공식적으로 크리스마스를 인정한 미국의 첫 번째 주가 되었다.)
The international community has refused to recognize the newly independent nation state.
(국제 사회는 최근에 독립한 민족 국가를 승인하기를 거부했다.)
However, the United Nation only recognizes the southern Republic of Cyprus as a country.
(그러나, 유엔은 오직 남 키프로스 공화국만을 국가로 인정하고 있습니다.)
France is on the point of recognizing the independence of the Baltic States.

④의 예

* 주로 be recognizes (as sth)의 형태로 쓰인다.

Most recognize him as the little Psy.
(대부분의 사람들이 그를 리틀 싸이로 인정한다.)
The book is now recognized as a classic.
(그 책은 이제 고전으로 인정받는다.)
She's recognized authority on the subject.
(그녀는 그 주제에 대한 공인된 권위자이다.)
Hamas has previously rejected to recognize Israel.
(하마스는 지금까지 이스라엘을 인정하기를 계속 거부해 왔습니다.)
He was sure that people in his country would recognize him.
(그는 그의 나라의 사람들이 그를 인정할 것이라는 것을 확신했다.)
I recognize him to be[=that he is] more talented.
She is recognized as one of the most famous actresses.

⑤의 예

Nichols was recognized by the Hall of Fame in 1949.

(니콜스는 천구백사십구 년에 명예의 전당에 의해 인정받았다.)

His services to the state were recognized with the award of knighthood.

(그의 국가에 대한 봉사는 나이트 작위 수상으로 인정받았다.)

The national holiday recognizes those who have served in the U.S. Armed Forces.

(그 국경일은 미군에서 복무했던 사람들의 공로를 인정하는 날이다.)

The Prime Minister recognized her services to her country by awarding her an MBE.

◈ realize는 recognize와 의미상으로 약간의 혼동하게 하는 know는 "알다, 알고 있다, 알게 되다, 깨닫다, 이해[의식]하다, 확신하다"라는 뜻으로 쓰인다. know는 '어떤 사실이나 정보의 특별한 부분을 인지하는' 경우에 쓰인다.

She knew she was dying.

(그녀는 자기가 죽어간다는 것을 알고[의식하고] 있었다.)

He knew (that) he could trust her.

(그는 그녀를 신뢰할 수 있다는 것을 알고[확신하고] 있었다.)

The cause of the fire is not yet known.

(그 화재 원인은 아직 알려져 있지 않다.)

All I know is that she used to work in a bank.

(내가 아는 것이라곤 그녀가 예전에는 은행에서 일을 했다는 것뿐이다.)

As soon as I walked in the room I knew (that) something was wrong.

(나는 그 방에 들어가는 순간 뭔가가 잘못되었다는 것을 알았다[깨달았다].)

Do you know their new telephone number?

I know she's fond of you. She told me so herself.

◈ realize는 recognize와 의미상으로 약간의 혼동하게 하는 understand는 "이해하다, 알아듣다, 알다"라는 뜻으로 쓰인다. understand는 '어떤 것이 의미하는 바나 어떤 것을 야기하는 것이나 어떤 것이 작동하는 방법이나 누군가가 느끼는 방식 등을 아는' 경우에 쓰인다.

Do you understand the instructions?

(그 사용법 설명서가 이해되시나요?)

He doesn't understand women at all.

(그는 여자를 전혀 이해하지 못한다.)

I could never understand why she was fired.

(그녀가 왜 해고되었는지 난 결코 이해할 수 없었다.)

She didn't understand the form she was signing.

(그녀는 그녀가 서명하고 있는 서식을 이해하지 못했다.)

Doctors still don't understand much about the disease.

(의사들을 아직도 그 질병에 대해 많이 이해하고[알고] 있지 못하다.)

I've never really understand physics.

Such behavior is very difficult to understand.

익힘문제

* 다음 글에서 틀린 부분이 있으면 고쳐 쓰세요.

1. She was laying on the beach.

2. Why don't you lay on the bed?

3. Baby always weep when they're hungry.

4. I just wanted to lay down and have a rest.

5. You'd better take care of not offending her.

6. One of our teachers originates from Scotland.

7. The children got very excited and began to cry.

8. It encourages readers to care for what they buy.

9. These children need a special care and attention.

10. The criminal mind is not always easy to realize.

11. The porter insisted to help us with our baggage.

12. Some criminals simply don't care of being caught.

13. My job involves to deal with customer complaints.

14. After buying the food, he had not any money left.

15. I can assure that your name will not be mentioned.

16. The tourists were laying in the hot sun like corpses.

17. There has been an enormous raise in house prices.

18. Our own mistakes are sometimes difficult to realize.

19 The cost of living has raised by 20 per cent this year.

20. The school year is divided into three terms, as you realize.

21. I stayed at home yesterday because I was having a bad cold.

22. After a while he stopped running and lied dwn on the ground.

23. This unpleasant man with his endless complaints destroyed my journey.

24. Some people cannot endure the idea of devoting themselves to children.

25. When I was a child, I used to raise my own flowers in a corner of the garden.

ANSWERS

1. She was lying on the beach.
2. Why don t you lie on the bed?
3. Baby always cry when they re hungry.
4. I just wanted to lie down and have a rest.
5. You d better take care not to offend her.
6. One of our teachers comes from Scotland.
7. The children got very excited and began to scream.
8. It encourages readers to care about they buy.
9. These children need special care and attention.
10. The criminal mind is not always easy to understand.
11. The porter insisted on helping us with our baggage. 또는 The porter insisted that he (should) help us with our baggage.
12. Some criminals simply don t care about being caught.
13. My job involves dealing with customer complaints.
14. After buying the food, he didn t have any money left.
15. I can assure you that your name will not be mentioned.
16. The tourists were lying in the hot sun like corpses.
17. There has been an enormous rise in house prices.
18. Our own mistakes are sometimes difficult to recognize.
19. The cost of living has risen by 20 per cent this year.
20. The school year is divided into three terms, as you know.
21. I stayed at home yesterday because I had a bad cold.
22. After a while he stopped running and lay down on the ground.
23. This unpleasant man with his endless complaints spoilt my journey.
24. Some people cannot bear the idea of devoting themselves to children.
25. When I was a child, I used to grow my own flowers in a corner of the garden.

PART 2
명사

1 ache의 쓰임새

2 advantage와 merit의 차이

3 car의 쓰임새

4 cause와 reason의 차이

5 change in과 change of의 차이

6 doubt의 쓰임새

7 influence와 effect의 차이

8 job, occupation과 profession의 차이

9 moment의 쓰임새

10 mood와 atmosphere의 차이

1 ache의 쓰임새

ache는 명사와 동사로 쓰인다. ache가 명사로 "(계속적인) 아픔"이란 뜻으로 쓰인다. ache가 동사로 ① "(계속 무지근히) 아프다"(=hurt)와 ② "(~하고 싶어) 못 견디다"(=long)라는 뜻으로 쓰인다. 그런데 ache가 명사로 쓰이는 경우에는 단독으로 쓰이지 않고 흔히 합성어로 쓰인다.

〈ache가 명사로 쓰이는 경우〉

an ache in my heart(내 마음의 상심)

Mommy, I've got a tummy ache

(엄마, 나 배 아파요.)

I have a fever and ache all over.

(난 열이 나고 온몸이 쑤셔요.)

I suffer from an ache in my left ear.

(내 왼쪽 귀가 아파요.)

I have an ache in my leg from walking too much.

(너무 많이 걸은 탓으로 내 다리에 통증이 생겼다.)

The pain, usually a dull ache, gets worse with exercise.

(평소에는 약하게 쑤시던 것이 운동을 하니 더 아프다.)

Muscular aches and pains can be soothed by a relaxing massage.

(이런저런 근육통은 긴장을 풀어주는 마사지로 가라앉힐 수 있다.)

The flu can cause people to have fevers, headaches and muscle aches.

(독감은 열, 두통, 근육통을 일으킨다.)

I have a terrible ache again.

I have been having a few aches and pains after my surgery.

She continued to have severe stomach cramps, aches, fatigue, and depression.

◈ ache가 합성어로 쓰이는 경우는 다음과 같다.

▶ backache backache는 "요통"이란 뜻이다.

* 미국영어는 셀 수 있는 명사이고, 영국영어는 셀 수 없는 명사이다.

He's in excellent health except for an occasional backache.(美)

He's in excellent health except for occasional backache.(英)

I think the backache is getting worse.

(내가 생각에 요통이 점점 심해지는 것 같다.)

He left the school because of a terrible backache.

(그는 심한 요통 때문에 학교를 그만 두었다.)

Nobody can stand for long the agony of a severe backache.

(누구도 심한 요통의 괴로움을 오래 참을 수 없다.)

These days it's all weed killing, backache and sore bones.

Clay even suggested this would lead to backache on the lower right side.

▶ bellyache bellyache는 격식을 차리지 않는 경우에 쓰이는데 "복통, 배앓이"란 뜻이다.

I have a bellyache.(美)

I've got bellyache.(英)

Do you have a bellyache?

(자네 배앓이 하니?)

I hope it didn't give you a bellyache.

(그것이 네게 복통을 주지 않길 나는 바란다.)

I have a bellyache from eating too much.

(내가 너무 많이 먹었더니 배가 아파.)

Hey, you came crying to me the other day with a bellyache.

He holds his stomach and makes a face like a kid with a bellyache.

▶ earache: "earache는 "귓병, 귀앓이"라는 뜻이다.

* 미국영어는 셀 수 있는 명사이고, 영국영어는 셀 수 없는 명사이다.

I have an earache.(美)

I've got earache.(英)

He had an earache and a fever.

(그는 귓병과 열병을 앓았다.)

Earache is a pain in the inside part of your ear.

(귀앓이는 당신 귀 안의 통증이다.)

I had to get some medicine from the doctor for this earache.

(나는 귀앓이 때문에 의사에게서 약까지 받아야 했어요.)

Deirdre's obviously a bit hurt, and Ken gets a bit of earache for a while.

I was unable to function as I did before due to the constant headaches and earaches.

▶ headache: ① "두통, 머리가 아픔"과 ② "두통[골칫]거리"란 뜻이다.

* 셀 수 있는 명사이다.

①의 예

I have a splitting headache.

(나는 머리가 빠개질 듯이 아프다.)

Red wine gives me a headache.

(적포도주를 마시면 나는 머리가 아프다[두통이 난다].)

He got a headache and stomach ache after lifting an elbow.

(그는 과음한 뒤에 두통과 복통이 있었다.)

She told us she had a headache.

That radio of yours is giving me a headache.

②의 예

I have a headache on this matter.

(나는 이 문제로 저 골치가 아파요.)

I have a headache. What should I do?

(나는 골치가 아픈데 어떻게 해야 하죠?)

The real headache will be getting the banks to lend you the money.

(진짜 두통거리는 은행이 당신에게 돈을 빌려주도록 하는 일이 될 것이다.)

Finding a babysitter for Saturday evening will be a major headache.

▶ stomach ache stomach ache는 "위통, 복통"이란 뜻이다.

* 미국영어는 셀 수 있는 명사이고, 영국영어는 셀 수 없는 명사이다.

He went to bed early with a stomach ache.(美)

He went to bed early with stomach ache.(英)

I had such a bad stomach ache

(저는 정말 심한 복통이 있었어요.)

Lisa is complaining of a stomach ache.

(리사는 복통에 짜증내고 있다.)

Symptoms include fever, stomach ache, diarrhea and vomiting.

(증상에는 열, 복통, 설사 그리고 구토가 포함됩니다.)

She thinks the kid has a stomach ache.

I've had a fever and stomach ache for almost a week.

▶ toothache toothache는 "치통, 이앓이"라는 뜻이다.

* 미국영어는 셀 수 있는 명사이고, 영국영어는 셀 수 없는 명사이다.

I have a toothache.(美)

Ive got toothache.(英)

I have a bad toothache

(저는 치통이 심하거든요.)

When did your toothache start?

(당신은 언제 치통이 시작됐죠?)

It was the most painful thing when I had a toothache.

(나는 치통이 있을 때가 가장 고통스러웠다.)

I am suffering a little from toothache.

Loves conquers all things except poverty and toothache.

▶ aches and pains : aches and pains는 "온몸이 쑤시고 아픔, 통증과 고통"이란 뜻이다.

I have aches and pains all over.

(나는 온몸이 쑤신다.)

You get more aches and pains as you get older.

(나이가 들수록 쑤시고 아픈 데가 많아진다.)

She experienced an increase in generalized aches and pains.

(그녀는 전신의 통증과 고통이 심해지는 것을 느꼈다.)

By working the muscles you release this tension and relieve aches and pains.

I couldn't go anywhere by myself and often have to go to the doctors for my aches and pains

◈ ache와 거의 같은 뜻으로 쓰이는 것에는 pain이 있다. pain은 ① "(육체적) 아픔, 통증, 고통", ② "(정신적) 고통"과 ③ "아주 귀찮은 사람[것], 골칫거리"란 뜻으로 쓰인다.

①의 예

a cry of pain(아파서 울부짖음[고통스러워하는 비명]), patients suffering from acute back pain(극심한 요통에 시달리는 환자들), stomach/chest pains(복통/흉통)

She was clearly in a lot of pain.

(그녀는 분명히 많이 아팠다.)

He felt a sharp pain in his knee.

(그는 무릎에 예리한 통증이 느껴졌다.)

This cream should help to relieve the pain.

(이 크림을 바르면 통증이 줄어들 것이다.)

You get more aches and pains as you get older.

(나이가 들수록 쑤시고 아픈 데가 많아진다.)

The booklet contains information on pain relief during labor.

(그 책자에는 산통 완화를 위한 정보가 들어 있다.)

I felt a sharp pain in my lower back.

After the run, I had pains in my legs.

②의 예

the pain of separation(이별의 고통), the pleasures and pains of growing old(나이가 들어가는 일의 기쁨과 고통)

I never meant to cause her pain

(나는 결코 그녀를 고통스럽게 할 생각은 없었다.)

She couldn't stand the pain of the trauma.

(그녀는 그 정신적 충격에서 오는 고통을 견뎌낼 수 없었다.)

The pain of her first love still dwells in her heart.

(첫 사랑의 아픔은 여전히 그녀의 가슴에 머물러있다.)

It is hard to fathom the pain felt at the death of a child.

(자식의 죽음을 직면하고 느끼는 고통을 헤아리기는 어렵다.)

Lord knows she's in a lot of pain.

I'll try to cure the pain your spirit has suffered.

③의 예

The rail strike is a bit of a pain.

(철도 파업은 꽤 고통스러운 일이다.)

You really are a royal pain in the butt.

(자네 정말 왕 골칫덩어리구나.)

She can be a real pain when she's in a bad mood.

(그녀가 기분이 안 좋을 때에는 정말 골치 아픈 존재가 되기도 한다.)

That violent student is the school's pain in the ass.

(그 폭력적인 학생은 학교의 골칫거리다.)

It's a pain having to go all that way for just one meeting.

(단 한 번의 회의를 위해 그 모든 길을 다 가야 한다니 정말 귀찮다.)

The stove is a pain to move.

Having to act like a brain can be a pain.

▶ pain이 숙어로서 쓰이는 것으로 on/under pain of sth, pain in the neck과 no pain, no gain이 있다.

❆ on/under pain of sth: on/under pain of sth라는 "(지키지 않으면) ~라는 처벌이 따른다고 위협하며, ~을[를] 각오하고"라는 뜻이다. 이 표현은 on/under pain of death(위반하면 사형에 처한다는 조건으로)라는 구문으로 많이 쓰인다.

They were freed (up) on pain of death.

(위반하면 사형에 처한다는 조건으로 그들은 석방되었다.)

We have to cough up, on pain of imprisonment.

(우리가 감옥에 가지 않으려면 돈을 토해 낼 수밖에 없다.)

I told my parents the truth on pain of being scolded.

(나는 혼날 각오를 하고 부모님께 사실을 고했다.)

They were required to cut pollution levels, on pain of a ₤10000 fine if they disobeyed,

(그들이 지키지 않을 경우에는 벌금이 만 파운드라는 위협 하에 공해 수치를 낮출 것을 요구받았다.)

They face initiatives, on pain of sanction, to reduce waiting lists.

People are forced to leave their homes, often on pain of great brutality or even death.

I'd only go to Harry's under pain of entertaining corporate clients.

(기업 고객들을 접대하고 싶지 않으면 내가 해리네 집으로 가는 수밖에 없다.)

Normal people live their lives and make mistakes under pain of punishment.

(보통 사람들은 처벌받는 줄 알면서도 살다보면 실수를 한다.)

These slaves were compelled to carry out any order given to them, underpain of death.

(이 노예들은 죽고 싶지 않으면 그들에게 내려진 어떠한 명령도 수행할 수밖에 없다.

These slaves were compelled to carry out any order given to them, under pain of death.

(노예들은 죽고 싶지 않으면 그들에게 내려진 어떠한 명령도 수행할 수밖에 없다.)

I'd only go to Harry's under pain of entertaining corporate clients.

We were forbidden, under pain of imprisonment, to use our native language.

❄ pain in the neck의 예

pain in the neck은 "아주 귀찮은 사람[것], 골칫거리, 문제 인물"이란 뜻이다.

I don't like him as he is a pain in the neck.

(나는 그가 눈엣가시이므로 그를 좋아하지 않는다.)

It is a real pain in the neck to change your bank account nowadays.

(요즘 당신의 은행 계좌 변경은 꽤나 골칫거리입니다.)

It might be a pain in the neck for them, but we can all find ways of managing the situation.

(그들에게 골칫거리일 수도 있지만 우리는 그 상황을 처리하기 위한 방법들을 모두 찾아낼 수 있다.)

I have two older brothers and sometimes they can be a huge pain in the neck.

(내 위로 형이 둘 있는데 때로 형들은 꽤나 큰 골칫거리가 되기도 한다.)

Some people may say that he is literally a pain in the neck.

Her new boyfriend is a real pain in the neck — he never stops talking.

❄ no pain, no gain의 예

no pain, no gain은 "뭔가를 얻으려면 고생을 해야 한다"라는 뜻이다.

No pain no gain as they say.

(고통 없이는 얻는 것이 없다고 그들이 말했다.)

But as everyone says, "No Pain No Gain."

(모든 사람들이 말하듯이 "수고가 없으면, 이득이 없다.")

You know what they say, "No pain, no gain."

(이런 말이 있잖아요, 고생이 없으면 얻는 것도 없다.)

There is a famous proverb, ‘No pain, no gain’.

(유명한 속담이 있단다. 바로 ‘고통 없이는 얻는 것도 없다.’는 것이지.)

I’m sure most of you have heard of the old saying, “No pain, no gain.”

The indignity had been worth every moment - like they say: no pain, no gain.

◈ ache의 형용사는 achy((계속 조금씩) 아픈)이다.

an achy back(아픈 허리)

I feel all achy.

(난 온몸이 아파.)

My body feels achy all over today.

(하루 종일 내 몸에 통증이 있다.)

My feet are achy and my calf muscles are stiff.

(내 발은 아프고 종아리 근육들은 당긴다.)

After the flu shot, some people might feel achy or have a mild fever.

(독감 주사를 맞은 후에, 몇몇 사람들은 아픔을 느끼거나 미열이 날 수 있습니다.)

Your arm may hurt and may feel a little achy.

She reported minor symptoms—fever, achy muscles and a slight rash, and has since recovered.

〈ache가 동사로 쓰이는 경우〉

①의 예

Her joints ache if she exercises.

(그녀는 운동을 하면 관절에 통증을 느낀다.)

Her eyes ached from lack of sleep.

(그녀는 잠을 못 자서 눈이 쓰렸다.)

It makes my heart ache to see her suffer.

(그녀가 고통 받는 걸 보면 내 마음이 아프다.)

My head had begun to ache and my stomach felt funny.

(내 머리가 지끈거리기 시작했고, 배도 약간 아팠어요.)

I'm aching all over.

I did some weight training on Monday and my shoulders have been aching ever since.

②의 예

He ached to see her.

(그는 그녀가 못 견디게 보고 싶었다.)

I was aching for home.

(나는 집에 가고 싶어 못 견딜 지경이었다.)

I've just been aching[dying] for him to come.

(나는 이제나저제나 그가 오기만을 기다리고 있다.)

We have been aching to perform live on stage for a long time.

(한참 동안 저희 모두 무대에서 라이브 공연을 하고 싶어 몸이 근질근질하던 참이었거든요.)

He is dying to meet his mother.

They're always aching for a fight.

2 advantage와 merit의 차이

advantage와 merit, advantage는 "(누구에게) 유리한 점, 이점, 장점"이나 "(무엇의) 이점, 장점"이란 뜻으로 쓰인다. 그리고 merit는 ① "가치; 훌륭함"(=worth), ② "가치있는[훌륭한] 요소, 장점"(=strength), ③ (英) "우수한 평점[성적]"과 (英) "(학교에서 선행에 대해 주는) 가점"이란 뜻으로 쓰인다. advantage는 다른 사람들 보다 더 좋은 위치에 놓이게 하는 어떤 것인 경우에 쓰인다. 그런데 merit는 좋은 자질이나 장점 또는 요소를 일컫는다.

〈advantage의 경우〉

His height was a decided advantage in the job.
(그의 키가 (큰 것이) 그 일에서는 확실한 이점이었다.)
It would be to your advantage to attend this meeting.
(이 회의에 참석하는 것이 당신에게 유리할 겁니다.)
Being tall gave him an advantage over the other players.
(그는 키가 커서 다른 선수들보다 유리했다.)
He played the situation carefully for maximum advantage.
(그는 그 상황이 최대한 이득이 되도록 조심해서 처리했다.)
Eventually, the new regulations will work to our advantage.
(결국, 새 규정들이 우리에게 유리하게 작용할 것이다.)
Each of these systems has its advantages and disadvantages.
(이들 시스템 각각이 나름대로 장단점이 있다.)
You will be at an advantage if you have thought about the interview questions in advance?
(당신이 면접 질문들을 미리 생각해 보면 유리할 것이다.)
It has the double advantage of being both easy and cheap.
A healthier lifestyle is just one of the advantages of living in the country.

The main advantage of using word processors is the amount of time you save.

◈ the advantage/s of (doing/having) sth으로 쓰이고, there are(several/many advantages to/in (doing/having) sth으로 쓰인다. 그러니까 the advantage/s of (doing/having) sth의 경우는 중간에 전치사 of가 쓰이고, there are로 시작되는 구문인 there are(several/many advantages to/in (doing/having) sth인 경우에는 중간에 전치사 to/in이 쓰인다.

She had the advantage of a good education.
(그녀는 교육을 잘 받았다는 장점이 있었다.)
We took full advantage of the hotel facilities.
(우리는 호텔 시설을 최대한 이용했다.)
They had the advantage of playing before their home crowd.
(그들은 고국[고향] 관중들이 지켜보는 가운데 경기를 하는 이점을 누렸다.)
A small car had the added advantage of being cheaper to run.
(소형차는 유지비가 더 싸다는 추가 장점도 있다.)
The advantages of independence soon became clear.
He described the advantages of renewing the contract.

Is there any advantage in getting there early?
(거기에 일찍 가는 게 뭐 이점이 있니?)
There are advantages to getting paid by the hour.
(시급으로 받는 것도 여러 이점이 있어요.)
There are advantages to launching the show in the fall.
(가을에 그 쇼를 시작하는 것도 여러 이점이 있다.)

There is no advantage to the consumer and the idea is disgusting.
(이것은 소비자에게는 아무런 이득도 주지 않고 이 생각은 넌더리가 난다.)
As with any narrative form, there are clearly a number of advantage and disadvantages to the epistolary genre.
(어느 이야기 형태와 마찬가지로, 서간체 문학에도 많은 장단점이 분명히 있다.)
There are clear advantages to such an approach.
There are advantages to working in a supermarket.
Are there any advantages in approaching coordinators?
Of course there are advantages in having a youthful work force.

◈ advantage의 숙어로 be/work to one's advantage, take advantage of sth/sb,(=exploit), to (good/best) advantage와 turn sth to one's advantage가 있다.

▶ be/work to one's advantage: be/work to one's advantage는 "~에게 유리하다/유리하게 작동하다"라는 뜻이다.
It will be to your advantage to remain silent.
(자네는 입 다물고 있는 것이 유리하다.)
I do not think it would be to their advantage.
(그것이 그들의 우위일 것이라고 나는 생각하지 않는다.)
It would be to your advantage to attend this meeting.
(이 회의에 참석하는 것이 당신에게 유리할 것입니다.)
I cannot tell if that's to my advantage.
It would be to your advantage to accept.

The contract works to our advantage.

(그 계약은 우리에게 유리하다.)

This divorce thing could actually work to my advantage.

(이 이혼 사실이 제게 이점으로 작용될 수도 있어요.)

Eventually, the new regulations will work to our advantage.

(결국, 새 규정들이 우리에게 유리하게 작용할 것이다.)

This may actually work to our advantage.

Social mobility has worked to my advantage, and this debate is important.

▶ take advantage of sth/sb: take advantage of sth/sb는 ① "~을[를] 이용하다, ~을[를] 기회로 활용하다"와 ② "~을[를] 이용해 먹다[악용하다]"(=exploit)라는 뜻이다.

①의 예

I hoped to take advantage of your expertise.

(나는 당신의 전문성을 이용했으면 해요.)

We took full advantage of the hotel facilities.

(우리는 호텔 시설을 최대한 이용했다.)

Who is likely to take advantage of this event?

(누가 이 행사를 이용할 것 같은가?)

She took advantage of the children's absence to tidy their rooms.

(그녀는 아이들이 없는 것을 기회 삼아 애들 방을 청소했다.)

You take advantage of every moment.

How can you take advantage of your situation?

②의 예

He took advantage of my generosity.

(그는 내가 인심이 좋은 것을 이용해 먹었다.)

I feel like I have been taken advantage of.

(내가 이용당했다는 느낌이 든다.)

Don't be a fool to let him take advantage of you.

(바보같이 널 이용하게 내버려 두지 마라.)

He's always being used[taken advantage of] by others.

(그는 늘 남에게 이용만 당한다.)

She shamelessly took advantage of us.

They took advantage of loopholes in the law.

▶ to (good/best) advantage: to (good/best) advantage는 "유리하게[돋보이게]"라는 뜻이다.

He set his car off to advantage.

(그는 자동차를 돋보이게 했다.)

Your works showed to advantage.

(자네의 작품들이 돋보였다.)

The photograph showed him to advantage.

(그 사진에는 그가 아주 잘 나와 있었다.)

The blooming cherry-tree is seen to the best advantage by moonlight.

(벚꽃은 달빛을 받으면 돋보이게 보인다.)

The agreement is to our advantage.

He turned the conversation to his advantage.

▶ turn sth to one's advantage: turn sth to one's advantage는 "(안 좋은 상황을) ~에게 유리하게 만들다"라는 뜻이다.

Let's turn the misfortune to our advantage.

(이것을 전화위복의 기회로 삼자.)

There is no situation that you cannot turn to your advantage.

(자네에게 불리하게 만들 상황은 없을 것이다.)

She turn failure to her advantage for opportunity of development.

(그녀는 실패를 발전의 기회로 이용했다.)

The government has not been able to turn today's demonstration to its advantage.

(정부는 오늘 있었던 시위를 자기 쪽에 유리하게 이용하지 못했다.)

I'll turn that to my advantage.

My visit will probably turn to your advantage.

〈merit의 경우〉

①의 예

I want to get the job on merit.

(나는 실력으로 그 직장에 취직하고 싶다.)

The plan is entirely without merit.

(그 계획은 전혀 훌륭하지 못하다.)

There is no merit in talking about this issue.

(이것은 의논할 가치도 없는 문제다.)

The argument seemed to have considerable merit.

(그 주장에는 상당한 가치가 있는 것으로 보였다.)

All the issues are treated on their own merits.

They chatted about the relative merits of London and Paris as places to live

②의 예

I want to get the job on merit .

(나는 실력으로 그 직장에 취직하고 싶다.)

This new model has the merit of being light.

(이 새로운 모델은 가볍다는 장점이 있다.)

We will consider each case on its (own) merits.

(우리는 각각의 경우를 그 진가에 따라 살필 것이다.)

They weighed up the relative merits of the four candidates.

(그들은 네 후보의 상대적인 장점들을 비교해 보았다.)

I am ready to judge any book on its merits

This proposal has much merit and we will certainly look at it.

③의 예

Promotion goes by merit .

(승진은 성적에 달렸어요.)

Scholarships are based on football talent and academic merit.

(장학금은 축구의 재능과 우수한 성적을 근거로 한다.)

Merit is the key, if the students can enter the school based on their scholastic skills then there is already equality.

(그 학생들이 학업 성적을 기준으로 해당 학교에 입학할 수 있어 평등한 선발 규정이 적용 된다면, 우수한 성적이 관건이다.)

She received a merit award for outstanding work.

Your idiot son hasn't earned a single merit badge.

◈ merit 는 "(칭찬 · 관심 등을) 받을 만하다[자격/가치가 있다]"(=deserve) 라는 뜻이다.

I am sure that it will merit reading.

(난 이것이 읽을 만한 가치가 있다고 확신해.)

The case does not merit further investigation.

(그 사건은 더 이상 수사할 가치가 없다.)

He claims that their success was not merited.

(그는 그들의 성공이 합당한 것이 아니었다고[그들이 그 성공을 누릴 자격이 없었다고] 주장한다.)

Surely such momentous matters merit thorough consideration.

(분명히 그렇게 중대한 사안들은 철저히 고려해볼 가치가 있습니다.)

The case doesn't merit the hearing.

A man who leaves his clan does not merit our concern.

◈ benefit 는 ① "혜택, 이득", ② (英) "(정부가 실업자 · 장애인 등에게 주는) 수당[보조금]"과 ③ "(회사에서 급여 외에 받는) 특전[수당], (보험 회사에서 받는) 보험금"과 ④ "(모금을 위한) 자선 행사"라는 뜻인데, 삶이나 상황을 향상시키는 좋은 결과이다.

①의 예

I've had the benefit of a good education.

(나는 교육을 잘 받는 혜택을 받았다.)

It will be to your benefit to arrive early.

(일찍 도착하는 것이 이로울 것입니다.)

He couldn't see the benefit of arguing any longer.

(그는 더 이상 다퉈 봐야 무슨 이득이 될 것 같지 않았다.)

It was good to see her finally reaping the benefits of all her hard work.

(그녀가 마침내 모든 노고에 대한 보상을 받는 것을 보니 좋았다.)

Belonging to a union has a number of important benefits.

The new regulations will be of benefit to everyone concerned.

②의 예

child benefit(육아 수당), housing benefit(주거 수당), sickness benefit (질병 수당)

He's not entitled to claim unemployment benefit.

(그는 실업 수당을 신청할 자격이 안 된다.)

There are two ways of abandoning child benefit.

(육아수당을 포기하는 두 가지 방법이 있다.)

Housing benefit is not payable for mortgage interest.

(주택 수당으로는 담보대출 이자를 감당할 수 없다.)

I am now able to introduce a fundamental reform of sickness benefits.

③의 예

If someone dies, how much is the insurance benefit?

(사람이 죽으면 보험금이 얼마입니까?)

It is an inexpensive benefit for the company to provide.

(그건 회사에서 제공하는 저렴한 수당이다.)

The insurance plan will be provide substantial cash benefits to your family in case of your death.

(그 보험은 당신이 사망할 경우 가족들에게 상당한 액수의 보험금을 현금으로 지급 합니다.)

The maximum benefit was paid at that time.

④의 예

a benefit match/concert(자선 경기/음악회)

A lot of celebrities were at the benefit concert.

(자선 공연에 유명 인사들이 많이 참석했다.)

Proceeds of the benefit concert go to orphanage.

(그 자선 음악회의 수익금은 고아원에 전달됩니다.)

We had the idea to sing at the benefit concert together.

(자선 음악회를 열어 같이 노래하자는 아이디어를 냈죠.)

The singer held a benefit concert for teenage breadwinners.

* benefit는 명사 이외에 동사로 ① "유익[유용]하다"와 ② "(~에서) 득을 보다"라는 뜻으로도 쓰인다.

①의 예

It didn't benefit us in any way.

(그것은 어쨌든 우리에게 유용하지 않았어.)

The national budget should benefit all people of the nation.

(국가예산은 전적으로 국민 모두를 위해 사용되어야 한다.)

We should spend money on something that will benefit everyone.

(우리는 그 돈을 모두에게 유익한 것에 써야 한다.)

My discoveries will benefit the world.

②의 예

In the long run, it's going to benefit you.

(장기적으로 볼 때 그게 당신에게 이득이 될 겁니다.)

Your company doesn't benefit from this at all.

(자네 회사는 이것으로 전혀 이득을 보지 못한다.)

Who exactly stand to benefit from these changes?

(이들 변화로 득을 보는 사람이 정확이 누구죠?)

China hopes that its economy will benefit from Hong Kong.

◈ benefit의 숙어로 for one's benefit와 give sb the benefit of the doubt가 있다.

▶ for one's benefit: for one's benefit는 "~을[를] 위해"라는 뜻이다.

He'll dare any danger for her benefit.

(그는 그녀를 위해서라면 어떤 위험도 불사할 것이다.)

Don't go to any trouble for my benefit!

(저 때문에 조금이라도 애쓰시지는 마세요!)

I have typed out some lecture notes for the benefit of those people who were absent last week.

(지난주에 참석하지 못한 사람들을 위해 내가 강의 노트 일부를 타자를 쳤어요.)

The handbook has been prepared mainly for their benefit.

▶ give sb the benefit of the doubt: give sb the benefit of the doubt는 "(그렇지 않음을 증명할 수 없으므로) ~의 말을 믿어주다[~가 잘못을 저지르지 않았다고 보다]"라는 뜻이다.

I'm glad the teacher gave me the benefit of the doubt.

(선생님이 나에 대해 미심쩍은 점을 선의로 해석해주어서 기쁘다.)

For a brief honeymoon period, Obama will be given the benefit of the doubt.

(짧은 신혼여행 덕분에 오바마는 믿게 될 것이다.)

If we give others the benefit of the doubt and go further by putting ourselves in their shoes, we might find a reasonable argument for understanding them better.
(우리가 타인을 의심하지 않고 더 나아가 그들의 입장이 된다면 그들을 더 잘 이해하기 위한 온당한 주장을 찾을 수 있을지도 모른다.)
Thanks for giving everyone the benefit of the doubt before the facts are established.

◈ benefit는 전치사 to나 for가 뒤따른 benefit to/for로 쓰이지 않고, 전치사가 없이 benefit sb라는 것으로 쓰인다.
Massage can benefit people with low back pain.
(마사지는 경미한 요통을 가진 사람들에게 효과를 줄 수 있다.)
The students held a yearly fund-raiser to benefit the deaf.
(학생들은 청각장애인들의 복지를 위해 매년 모금행사를 열었다.)
She sold clothes on consignment to benefit homeless people.
(그녀는 집이 없는 사람들을 위해 옷을 위탁 판매했다.)
The trade agreement will benefit both parties.

◈ benefit는 수동태인 be benefited by로 쓰이지 않고, benefit from/by로 쓰인다. 이때 benefit from/by의 주어는 혜택이나 이득 등을 받는 대상이다.
I might benefit from getting my teeth fixed.
(이를 고쳐서 내가 덕을 볼 수도 있다.)
He labours, but he gets no benefit from his labour.
(그는 일하지만 그의 일로부터 어떤 이득도 얻지 못한다.)
When competition works best consumers benefit from it.
(경쟁이 가장 잘 이뤄질 때 소비자들은 그로 인해 이득을 얻는다.)

Do you think she has benefited from going to extra classes?

Many people benefit by looking good.
(많은 사람들이 외모 덕으로 이득 얻는다.)
How would I benefit by having a fist fight?
(주먹다짐을 해서 내가 어떻게 이득을 본다는 거죠?)
I think you'd benefit by working with adults.
(나는 자네가 어른들과 함께 일을 함으로써 이득을 얻었다고 생각해.)
The room would benefit by altering the size of the window.

3 car의 쓰임새

car는 "승용차, (자동)차"라는 뜻이다. 승용차를 타거나 내리는 경우에는 get into the car나 get out of the car로 쓰인다. 그러니까 go into the car나 go out of the car로 쓰이지 않는다. 그리고 자동차로 어딘가에 가는 경우에는 with one's car가 아닌 by car나 in someone's car로 표현된다.

〈get into the car로 쓰이는 경우〉

get into the car는 "차에 타다"라는 뜻이다.

Paula got into the car and drove off.

(파울라가 승용차에 올라타더니 차를 몰고 떠났다.)

She waved bye-bye and got into the car.

(그녀는 손을 흔들어 작별 인사를 하고 차에 올라탔다.)

She ducked her head and got into the car.

(그녀가 고개를 쑥 숙이며 차에 올라탔다.)

I put on my seat belt as soon as I get into the car.

(나는 차에 타자마자 안전벨트를 맨다.)

Scoot over so that more of you can get into the car.

(더 많은 사람이 차에 탈 수 있도록 자리를 좁혀 앉아라.)

She got in the car and drove away.

Finally, the cops intervened and tried to get into the car.

〈get out of the car로 쓰이는 경우〉

get out of the car는 "차에서 내리다"라는 뜻이다.

She got out of the car and readjusted her dress.

(그녀는 차에서 내려 매무새를 가다듬었다.)

Arnold stopped the engine and got out of the car.

(아놀드는 엔진을 끄고 차에서 내렸다.)

It was good to get out of the car and stretch our legs.

(차에서 내려 다리를 펴니 좋았다.)

He got out of the car under heavy guard of the police.

(그는 경찰의 삼엄한 경비 속에 차에서 내렸다.)

I got there, and I popped the trunk and got out of the car.

(내가 그곳에 도착하고 트렁크를 연 뒤 차에서 내렸다.)

I got out of the car to see what was happening.

I didn't know he hadn't gotten out of the car yet.

〈by car로 쓰이는 경우〉

It's a day's journey by car.

(그곳까지는 자동차로 하루 걸리는 여정이다.)

Many people travel to work by car.

(많은 사람들이 차로 출근한다.)

Now I can walk to work instead of going by car.

(나는 이제 차를 이용하는 대신에 걸어서 출근할 수 있다.)

This is the closest we can get to the beach by car.

(여기가 승용차가 갈 수 있는, 그 해변에 가장 가까운 지점이다.)

They live in a remote area, inaccessible except by car.

(그들은 차로 가지 않으면 가기 어려운 외딴 지역에 산다.)

A: How did you come?

B: By car.

(A: 넌 어떻게 왔니?

B: (승용)차로 왔어.)

Your best plan would be to go by car.

He protested that the journey was too far by car.

〈in someone's car로 쓰이는 경우〉

He drove me home in his car.
(그는 나를 집까지 자동차로 데려다 주었다.)
She brought me back in her car.
(그녀가 자기 차로 나를 다시 데려다 주었다.)
I finally managed to cure the rattling noise in my car.
(나는 마침내 내 차에서 나던 털털거리던 소리를 해결했다.)
She sped away in her car with journalists in hot pursuit.
(그녀는 기자들이 바싹 뒤따르는 가운데 서둘러 차를 몰고 가 버렸다.)
He cruised along in his car at a regular speed of 65 mph.
(그는 시속 육십오 마일의 일정한 속도로 차를 운전했다.)
I spent the whole night in my car.
He's fine, but he had a minor accident in his wife's car.

◈ car가 "승용차, (자동)차"라는 뜻 이 외에 ① "(기차의) 차량"과 ② 영국영어에서 "(기차의 특정한) 차[칸]"로도 쓰인다.

①의 예

Several cars went of the rails.
(몇 칸의 차량이 선로를 벗어났다.)
Tour buses have replaced railway cars.
(관광버스들은 철도 차량으로 대체되었다.)
I've seen some cool stuff on railway cars.
(철도 차량에 있는 끝내주는 물건을 보았다.)
Travelling altogether in one class of railway cars is an institution.

②의 예

a sleeping car/dining car(침대차/식당차)

It's better here, a bit like a sleeping car.

(여기가 얼마간 침대차처럼 여기가 좋아.)

The dining car is where you meet your fellow travellers.

(식당차는 자네의 동료 여행객들을 만나는 곳이다.)

The first night upon a sleeping car is the most fatiguing.

(침대차에서 보낸 첫 날밤은 아주 심신을 지치게 한다.)

He made his way into the dining car for breakfast.

4 cause와 reason의 차이

cause와 reason은 어떤 일이 발생한 또는 누군가가 어떤 일을 한 이유를 나타내기 때문에 겉으로 비슷한 뜻으로 쓰이는 것처럼 보인다. cause는 ① "원인", ② "(특정한 감정이나 행동의) 이유", ③ "(정치 · 사회적 운동) 조직[대의명분/이상]"과 ④ "소송 사건"이란 뜻으로 쓰인다.

cause는 무언가를 일어나게 하는 행동, 사건과 상황 등의 경우에 쓰인다. reason은 "이유, 까닭, 사유"와 ② "근거"라는 뜻으로 쓰인다. reason은 설명을 제공하는 그 무엇의 경우에 쓰인다.

〈cause의 경우〉

①의 예

Unemployment is a major cause of poverty.

(실업은 빈곤의 주된 원인이다.)

There was discussion about the fire and its likely cause.

(그 화재와 그것의 원인일 것 같은 것에 대해 논의가 있었다.)

What would you say was the root cause of the problem?

(당신은 그 문제의 근본 원인이 무엇이었다고 말씀하시겠어요?)

Drinking and driving is one of the most common causes of traffic accidents.

(음주운전은 교통사고의 가장 흔한 원인들 가운데 하나이다.)

The cause of the fire is still being investigated.

These outbreaks of violence will continue to occur until the causes have been eliminated.

②의 예

이 경우에는 cause (for sth)으로 주로 쓰인다.

There is no cause for alarm.

(놀랄 이유가 없다.)

The government has small cause for optimism.

(정부가 낙관론을 가질 근거는 거의 없다.)

The doctor said there was no cause for alarm.

(의사가 불안해 할 필요는 없다고 말했다.)

The food was excellent—I had no cause for complaint.

(음식은 아주 훌륭했다. 나는 불평할 이유가 없었다.)

Her triumph was a cause for celebration.

As far as we knew, there was no cause for concern.

③의 예

a good cause(자선[사회봉사] 단체), fighting for the Republican cause(공화당의 대의명분을 위해 싸우는)

I would die for a cause.

(나는 대의명분을 위해 죽을 수 있어.)

He died for a noble cause.

(그는 숭고한 대의를 위해 죽었다.)

Idealistic young people died for the cause.

(이상주의에 빠진 젊은이들은 자신들의 주장을 위해서 목숨을 바쳤다.)

Animal welfare campaigners raised $1,000,000 for their cause last year.

(동물 복지 운동가들이 작년에 자기들의 대의를 위해 백만 달러를 모금했다.)

Only it's not a job, it's a cause.
(단지 직업이 아니라 대의명분이다.)
It is becoming more common for celebrities to donate their talents to a good cause.

④의 예

The study on cause of action at the medical malpractice suit
(의료소송에 있어서 소송물과 요건사실에 관한 연구)
The cause list shall be displayed at the entrance to the courtroom.
(소송 사건 목록이 법정의 입구에 내보여질 것이다.)
Neither of us will bring a legal action (under this Agreement) more than two years after the cause of action arose.
(양방은 소송 원인이 발생한 지 이 년이 경과한 후에는 (본 동의서에 의거) 법적 행동을 취하지 않습니다.)
Of course we have a legitimate cause of action.
A county court judge often has between 20-30 repossession cases in his/her daily cause list.

◈ cause는 명사 이외에 동사로 '…을[를] 야기하다[초래하다]'라는 뜻으로 쓰인다.

Are you causing trouble again?
(너 또 말썽 피우는 거니?)
Do they know what caused the fire?
(무엇이 그 화재를 야기했는지 그들이 아나요?)
The poor harvest caused prices to rise sharply.
(흉작으로 물가가 폭등했다.)
The project is still causing him a lot of problems.

* cause sb to do sth으로 쓰이지 cause that로 사용하지 않는다.

Mercurial poisoning can cause you to die.
(수은 중독은 죽음을 야기할 수 있다.)
Losing a game would cause him to fly into a rage.
(경기에 지면 그는 갑자기 격분하곤 했다.)
The marriage will cause Drew to reexamine his life.
(그 결혼으로 드류는 자신의 삶을 재검토하게 될 것이다.)
A week-long power failure caused the whole computer network to shut down.

◈ cause의 숙어로 be for/in a good cause가 있다.

▶ be for/in a good cause: be for/in a good cause는 "대의명분이 서다"라는 뜻이다.

But I believe it's for a good cause.
(하지만 그것이 좋은 뜻을 위한 것이라고 믿는다.)
I'd say both were for a good cause.
(둘 다 대의명분을 위한 것이었다고 말하고 싶군요.)
That's too bad. It's for a good cause and it's going to be a lot of fun.
(안 됐군요. 좋은 일이기도 하고 아주 재미있을 것 같은데.)
The Raleigh International Bike Ride is open to anyone who wants to raise money for a good cause.

〈reason의 경우〉

①의 예

She gave no reasons for her decision.

(그녀는 자신의 결정에 대해 아무런 이유도 제시하지 않았다.)

He said no but he didn't give a reason.

(그는 싫다고 했지만 이유는 말하지 않았다.)

I have no particular reason for doubting him.

(내가 그를 의심할 특별한 이유가 없다.)

I'd like to know the reason why you're so late.

(네가 왜 그렇게 늦었는지 이유를 알고 싶어.)

We aren't going for the simple reason that we can't afford it.

(우리가 단지 형편이 안 된다는 이유 때문에 안 가는 것은 아니다.)

I'm sure that they must have good reasons for wanting to live abroad.

The reason why there is only one applicant is that the job wasn't advertised.

She resigned for personal reasons.

(그녀는 개인적인 까닭으로 사직했다.)

That's no reason to waste half the day.

(그런 일로 한나절을 허비할 까닭이 없다.)

The man attacked me for no apparent reason.

(그 남자는 아무 뚜렷한 까닭도 없이 나를 비난했다.)

There is reason to believe that he is dishonest.

(그가 정직하지 않다고 믿을 만한 까닭이 있다.)

For some reason we all have to come in early tomorrow.

(무슨 까닭인지는 모르겠지만, 우리는 모두 내일 일찍 와야 한다.)

There is no reason to suppose she's lying.

There is no compelling reason to believe him.

②의 예

이 경우에는 주로 'reason(to do sth)'이나 'reason(for sth/for doing sth)'으로 쓰인다.

There is some reason in what he says.
(그가 하는 말에는 어느 정도 근거가 있다.)
We have every reason to feel optimistic.
(우리가 낙관적으로 느낄 근거가 충분히 있다.)
They have reason to believe that he is lying.
(그들은 그가 거짓말을 한다고 믿을 근거가 있다.)
This result gives us all the more reason for optimism.
(이런 결과도 또한 우리가 낙관론을 가져도 될 근거가 된다.)
There is no logical reason for any exemptions to this.
(이것에 대한 면제에 어떤 타당한 근거가 없다.)
There is good reason to doubt this.
They had reason to believe there could be trouble.

◈ reason이 명사 이외에 동사로 ① "(논리적인 근거에 따라) 판단하다, 추리[추론]하다"와 ② "사고하다"라는 뜻으로 쓰인다.

①의 예

Perhaps that's no accident, she reasoned.
(그것은 아마도 우연한 사고가 아니라고 그녀는 판단했다.)
She reasoned that she must have left her bag on the train.
(그녀는 자기가 기차에 가방을 놓고 내린 것이 분명하다고 추리했다.)
They couldn't fire him, he reasoned. He was the only one who knew how they system worked.
(그는 그들이 자신을 해고하지 못할 것이라고 판단했다. 그는 그 시스템이 돌아가는지를 아는 유일한 사람이었으니까.)

He reasoned that if he took a taxi, he could be there by nine.

②의 예

the human ability to reason(인간의 사고 능력)

It clouds your ability to reason.

(그게 너의 사고능력을 방해하고 있어.)

The basic premise of human intelligence is the ability to reason and make decisions.

(인간 지능의 기본 전제는 합리적으로 사고하고 결정하는 능력이다.)

Aquinas believed that one does what one is 'naturally inclined to do' and that the ability to reason was to be human.

(아퀴나스는 사람들이 한데로 하는 것은 자연스럽게 행하게 되는 것이며 사고하는 능력은 인간의 것이라 믿었다.)

The most powerful quality that a human being has that any other animal on earth has is the ability to reason.

◈ reason for sth으로 쓰이지만 cause of sth으로 쓰인다.

My sole reason for coming here was to see you.

(내가 여기에 온 단 한 가지 이유는 당신을 만나는 것이었어요.)

The reason for my visit had obviously slipped his mind.

(그는 분명히 내가 방문한 이유를 잊어버렸었다.)

He cited his heavy workload as the reason for his breakdown.

(그는 자기가 신경 쇠약에 걸린 이유로 과중한 업무량을 들었다.)

The ostensible reason for his absence was illness.

The cause of the fire is not yet known.

(그 화재 원인은 아직 알려져 있지 않다.)

The cause of business failure is lack of capital.
(사업 실패의 원인은 자본의 부족이다.)
Police are trying to establish the cause of death.
(경찰이 사망 원인[사인]을 밝히려고 노력 중이다.)
The underlying causes of the present dispute date back to 1987.

* 그러나 다음의 경우에는 cause for concern/alarm/complaint/hope 등으로 쓰인다.

There's certainly cause for concern.
(확실히 우려할 만한 원인이 있다.)
Public ignorance about AIDS is still a cause for concern.
(에이즈(후천성 면역 결핍증)에 대한 대중의 무지는 여전히 우려를 낳는다.)
Nevertheless, there is cause for alarm.
(그럼에도 불구하고 놀랄 이유가 없다.)
And trust me, there's no cause for alarm.
(그리고 날 믿어. 우려할 만한 이유가 없어.)
I've really no cause for complaint.
(나는 정말로 불평할 이유가 없어.)
I do not think there is any cause for complaint.
(저는 불평할 어떤 이유도 없다고 생각합니다.)
There is cause for hope, however.
(하지만 희망을 품을 이유가 있다.)
While some figures give black Americans cause for hope, others show a gap between races still exists in the United States.
(몇몇 수치들은 흑인들에게 희망의 실마리를 주는 반면, 다른 수치들은 미국 내의 인종 간 격차가 여전히 존속하고 있다는 것을 보여준다.)
There's really no cause for alarm, only curiosity.

Staff attitudes were the most common cause for complaint.

For me, the election results this week give cause for hope.

The new rise in unemployment has given the government cause for concern.

◈ reason이 구동사로 쓰이는 경우로 reason sth out과 reason with sb이 있다.

▶ reason sth out: reason sth out는 "(논리적으로) …을[를] 추론[도출]해 내다"(=figure out)라는 뜻이다.

He reasoned out the answer to the question.

(그는 그 문제에 대한 답을 추론했다.)

Man is the only animal that can reason out his problems.

(인간은 자신의 문제를 논리적으로 도출해 낼 수 있는 유일한 동물이다.)

I tried to reason out just how he felt and how he thought.

(나는 그가 단지 어떻게 느꼈고 어떻게 생각했는지를 추론해보려고 했다.)

Let's try to reason out why he behaved as he did.

▶ reason with sb: reason with sb는 "논리적으로 설명하여[이치를 따져] …을[를] 설득하다"라는 뜻이다.

He's impossible. I can't reason with him.

(그는 불가능하다. 나는 그에게 알아듣게 얘기할 수 없다.)

I tried to reason with him, but he wouldn't listen.

(내가 그를 사리에 맞게 설득해 보려고 했지만 그는 듣지 않으려 했다.)

Trying to reason with him only enrages him even more.

(그를 납득시키려 하다가는 그의 화만 더 크게 돋우게 될 것이다.)

I'm here to reason with you.

5 change in과 change of의 차이

change in은 "~에 있어서의 변화"라는 뜻으로 쓰인다. change of는 "~의 변경, 전환, 교체"라는 뜻으로 쓰인다. 겉으로 보기에 비슷해 보이지만 change in은 '누군가 또는 어떤 것이 어떤 면에서 이제 다른 것을 의미하는' 경우에 쓰인다. change of는 '누군가 또는 어떤 것이 그 무엇이 대체되어지는 것을 의미하는' 경우에 쓰인다. 그리고 이 두 가지의 근본이 되는 change는 다양하게 쓰인다.

change는 명사로 ① "변화", ② "색다른 것[변화], 기분 전환", ③ "변경, 전환, 교체(품)", ④ "여벌의 옷 등", ⑤ "거스름돈", ⑥ "동전, 잔돈"과 ⑦ "(기차 · 비행기 등을) 갈아타기"라는 뜻으로 다양하게 쓰인다.

change는 동사로 ① "변하다, 달라지다", ② "변화시키다, 바꾸다", ③ "(상태가) 변하다[바뀌다], 변하게 하다[바꾸다]", ④ "(상태 · 위치 · 방향 등을) 바꾸다", ⑤ "(새 것이나 다른 것으로) 바꾸다[교체하다]", ⑥ "(누구와 자리 등을) 바꾸다", ⑦ "(옷을) 갈아입다",⑧ "(기저귀를) 갈다[갈아 주다]", ⑨ "(침대 시트 등 이부자리를) 갈다", ⑩ "환전하다, (다른 나라의 지폐로) 바꾸다", ⑪ "(다른 지폐나 동전으로) 바꾸다", ⑫ "(상품을) 교환하다[교환해 주다]"와 ⑬ "(기차 · 비행기 등을) 갈아타다[바꿔 타다]"라는 뜻으로 다양하게 쓰인다.

〈change in의 경우〉

a change in the weather(날씨 변화)

What brought about the change in his attitude?

(어째서 그의 태도가 변했지?)

The faculty agreed on a change in the requirements.

(교수진이 필요조건들의 개정에 대해 합의를 보았다.)

Our vote today indicates a change in United States policy.

(오늘 우리의 투표는 미국 정책의 변화를 보여 준다.)

There was no change in the painting's condition overnight.

(밤사이에 환자의 상태는 변화가 없었다.)

The change in government is more for show than for real.

(정부 내의 변화는 실질적이기보다는 과시하기 위한 것이다.)

This decision signified a radical change in their policies.

The Prime Minister has made several changes in the government.

〈change of의 경우〉

a change of address(주소 변경), a change of government(정부 교체)

Please advise us of any change of address.

(주소에 변동 사항이 있으면 우리에게 알려주십시오.)

Please note the change of venue for this event.

(이번 행사의 장소 변경에 유념해 주십시오.)

She didn't seem perturbed at the change of plan.

(그녀는 그 계획 변경에 동요하지 않는 듯했다.)

The principal reason for my change of mind is this.

(내가 마음을 바꾼 가장 중요한 이유는 이것이다.)

What you need is a change of scene. Why not go on a cruise?

(네가 필요한 건 환경을 바꿔 보는 거야. 유람선을 타고 여행하는 것은 어때?)

What we need now is a change of focus.

What the country needs is a change of government.

<change가 명사로 쓰이는 경우>

①의 예

important changes to the tax system(세제상의 중요한 변화들), social/political/economic change(사회적/정치적/경제적 변화)

She is someone who hates change.

(그녀는 변화를 싫어하는 사람이다.)

Economic change for its own sake did not appeal to him.

(경제 개혁 그 자체는 그의 마음에 와 닿지 않았다.)

Successful businesses are highly adaptable to economic change.

(성공한 기업들은 경제 변화에 대한 적응력이 아주 높다.)

What we need now is a change of focus.

②의 예

Can you just listen for a change?

(자넨 그냥 기분 전환 삼아 들어볼 순 없니?)

Finishing early was a welcome change.

(일찍 끝나는 것은 반가운 변화였다.)

It makes a change to read some good news for once.

(이번에는 좋은 뉴스를 좀 읽으니 색다르다.)

Let's stay in tonight for a change.

③의 예

a change from agriculture to industry(농업에서 공업으로 전환)

There's been a change of plan.

(계획에 변경이 있었다.)

There will be a crew change when we land at Dubai.

(두바이에 착륙하면 승무원 교체가 있을 겁니다.)

Let's get away for the weekend. A change of scene will do you good.

(주말에 어디 가자. 분위기 전환이 네게 도움이 될 거야.)

Please note my change of address.

④의 예

I keep a change of shoes in the car.

(나는 승용차 안에 여벌 신발을 갖고 다닌다.)

She packed one change of underwear.

(그녀는 한 번 갈아입을 속옷을 챙겼다.)

She packed a change of clothes for the weekend.

(그녀는 주말에 입을 여벌의 옷을 쌌다.)

And I'll need a change of clothes.

⑤의 예

That's 40p change.

(거스름돈 사십 펜스예요.)

Don't forget your change!

(거스름돈 잊지 마세요!)

A: There's your change.

B: Thanks very much.

(A: 거스름돈 여기 있습니다.

B: 감사합니다.)

The ticket machine gives change.

⑥의 예

a dollar in change(동전으로 일 달러)

Do you have any change for the phone?

(공중전화 걸게 동전 가진 거 있니?)

I didn't have any small change to leave as a tip.

(난 팁을 남길 잔돈이 없었다.)

He puts his loose change in a money box for the children.

(그는 잔돈이 있으면 아이들을 위한 저금통에 넣는다.)

Could you give me change for a ten pound note?

⑦의 예

The journey involved three changes.

(그 여행길에서는 차[기차 등]를 세 번 갈아타야 했다.)

Necessary changes of train are permitted.

(필요한 경우 기차를 갈아타는 것이 허용된다.)

The journeys may involve changes of buses and/or tubes.

(그 여행은 버스를 갈아타든지 그리고/또는 지하철을 갈아타는 것이 포함될 지 모른다.)

Apart from in Paris, all changes of train require only a change of platform.

◈ change가 숙어로 a change for the better/worse, a change of heart와 get no change out of sb가 있다.

▶ a change for the better/worse: a change for the better/worse는 "개선[호전], 영전/개악[악화]"라는 뜻이다.

You could be part of a change for the better.

(자네는 나이지게 되는 일부분이 될 수 있을 것이다.)

His transfer to Busan is a change for the better.

(그의 부산 전임은 영전이다.)

I reckon we've all made a big change for the better.

(우리 모두는 굉장히 개선되었다고 생각한다.)

I do believe his return signals a change for the better.

His new appointment is a change for the worse.

(그의 이번 발령은 좌천이다.)

Most people think that it is a change for the worse.

(대부분의 사람들은 그것이 개악이라고 생각한다.)

They think that any change must be a change for the worse, and that is a tragedy.

(그들은 어떤 변화이든지 더 나쁜 쪽으로의 변화임에 틀림없다고 생각하고 그것은 비극이다.)

▶ a change of heart: a change of heart는 "심경의 변화"라는 뜻이다.

After he met someone, he had a change of heart.

(그는 누군가를 만난 뒤 마음을 바꿨다.)

She had a change of heart while her boyfriend was in the army.

(그녀는 남자 친구가 군대에 간 사이에 변심했다.)

But Joel has a change of heart and decides to stop the process.
(그러나 조엘은 마음을 바꾸고 시술을 그만 받기로 합니다.)
I'm afraid the insurance company had a change of heart about you.

▶ get no change out of sb: get no change out of sb는 "~에게서 아무런 도움[정보]을 얻어 내지 못하다"라는 뜻이다.
But he got no change out of her.
(그러나 그는 그녀에게서 아무런 도움을 얻어 내지 못했다.)
I asked him the truth, but I couldn't get no change out of him.
(나는 그에게 사실을 물어봤지만 아무것도 알아낼 수 없었다.)
If the man had come to mock me, he would get no change out of David Crawfurd.
(만약 그 사람이 나를 조롱했더라면 그는 데이비드 크로퍼드에게서 아무런 도움을 받아 내지 못한다.)
If you need any help, ask Manuel. You'll get more change out of him than the others.

〈change가 동사로 쓰이는 경우〉

①의 예
changing attitudes towards education
(교육에 대해 달라지고 있는 태도)
In my view things won't change.
(내 생각에는 상황이 변하지 않을 것이다.)
Her life changed completely when she won the lottery.
(복권에 당첨된 뒤로 그녀의 삶은 완전히 달라졌다.)

Rick hasn't changed. He looks exactly the same as he did at school.

(릭은 변하지 않았어. 그는 학교 때와 똑같애.)

Prices change according to supply and demand.

②의 예

Fame hasn't really changed him.

(명성 때문에 사실 그가 변한 것은 없다.)

We change our car every two years.

(우리는 이 년마다 차를 바꾼다.)

At half-time the teams change ends.

(전반전이 끝나면 두 팀이 자리를 바꾼다.)

I wish you'd change the subject.

③의 예

Caterpillars change into butterflies.

(애벌레는 변해서 나비가 된다.)

Wait for the traffic lights to change.

(신호등이 바뀔 때까지 기다려.)

With a wave of her magic wand, she changed the frog into a handsome prince.

(그녀는 마법의 지팡이를 한 번 휘둘러 그 개구리를 멋진 왕자로 바꾸어 놓았다.)

The lights changed from red to green.

④의 예

Our ship changed course.

(우리 배는 항로를 바꾸었다.)

The wind has changed direction.

(바람이 방향을 바꾸었다.)

Leaves change colour in autumn.

(가을에는 나뭇잎들의 색깔이 바뀐다.)

Cars enter the intersection to change directions.

⑤의 예

I want to change my doctor.

(제가 의사[주치의]를 바꾸고 싶어요.)

We change our car every two years.

(우리는 이 년마다 차를 바꾼다.)

Marie changed her name when she got married.

(마리는 결혼을 하면서 성을 바꿨다.)

That back tire needs changing.

⑥의 예

* 이 경우는 복수 목적어와 함께 쓰인다.

Can we change seats?

(우리 자리 바꿀까?)

Can I change seats with you?

(너와 자리 바꿀 수 있을까?)

At half-time the teams change ends.

(전반전이 끝나면 두 팀이 자리를 바꾼다.)

The teams changed ends at half time.

⑦의 예

She changed into her swimsuit.

(그녀는 수영복으로 갈아입었다.)

I went into the bedroom to change.

(나는 옷을 갈아입으러 침실로 들어갔다.)

You need to change out of those wet things.

(너 젖은 옷을 갈아입어야겠다.)

I didn't have time to change clothes before the party.

⑧의 예

The baby needs changing.

(아기 기저귀를 갈아 주어야겠어.)

She can't even change a nappy.

(그녀는 심지어 기저귀를 갈 줄도 모른다.)

There are baby changing facilities in all our stores.

(저희의 모든 매장에는 아기 기저귀를 갈 수 있는 시설이 마련되어 있습니다.)

He needs his nappy changed.

⑨의 예

I need to change the sheets.

(나는 시트들을 갈고 싶습니다.)

Could you help me change the bed?

(침대보 가는 것 좀 도와주겠니?)

After changing the bed, I would fall asleep.

(침대 시트를 간 후 나는 잠이 들곤 했다.)

I changed the sheets on your bed today.

⑩의 예

to change dollars into yen(달러를 엔화로 바꾸다)

Can I change foreign money over here?

(이 곳에서 외화를 바꿀 수 있나요?)

Where can I change my money into dollars?

(어디서 제 돈을 달러로 바꿀 수 있나요?)

Where can I change my traveller's cheques?

(여행자 수표를 어디에서 환전할 수 있어요?)

You can expect to pay the bank a fee of around 1% to 2% every time you change.

⑪의 예

to change a dollar bill for four quarters(일 달러짜리 지폐를 이십오 센트짜리 동전 네 개로 바꾸다)

Can you change a £20 note?

(이십 파운드짜리 지폐 한 장 바꿔 줄 수 있어요?)

I'd like this one dollar in small change.

(저는 이 일 달러를 동전으로 바꿔 주세요.)

I wonder if you could change a ten-dollar note.

(십 달러짜리 지폐 한 장 바꿔 주시겠어요.)

I only want to change these notes into coins.

⑫의 예

I want to change a shirt for a larger size.

(저는 셔츠를 더 큰 치수로 교환하고 싶습니다.)

Of course we'll change it for a larger size, Madam.

(그럼요. 더 큰 치수로 교환해 드리겠습니다, 손님.)

This shirt I bought's too small—I'll have to change it for a bigger one.
(제가 산 이 셔츠가 너무 작아서 그러는데요 더 큰 걸로 교환해야 할 것 같아요.)
Next time, please let us know immediately, and we'll gladly change it for you.

⑬의 예
Where do I have to change ?
(제가 어디서 바꿔 타야 해요?)
Change at Reading (for London).
(레딩에서 (런던 행으로) 갈아 타세요.)
I stopped in Moscow only to change planes.
(나는 비행기를 갈아타려고 모스크바에 들렀을 뿐이었다.)
We were turned off the train at Hanover, where he had to change.

◈ change가 숙어로 change hands, change one's mind, change one's tune와 change one's ways 등이 있다.

▶ change hands : change hands는 "주인이 바뀌다"라는 뜻이다.
The house has changed hands several times.
(그 집은 집주인이 몇 번 바뀌었다.)
The firm has changed hands many times over the years.
(그 회사는 그 세월 동안 여러 번 사주(社主)가 바뀌었다.)

So you'll give the watch – so the watch will literally change hands.
(그래서 당신은 그 시계를 줄 것입니다. 그래서 그 시계의 주인이 정말로 바뀔 것입니다.)
The firm has changed hands many times over the years.

▶ change one's mind: change one's mind는 "자신/~의 마음[생각]을 바꾸다"라는 뜻이다.
Nothing will make me change my mind.
(그 무엇도 내 마음을 바꾸지는 못할 것이다.)
Whatever may happen, I will not change my mind.
(무슨 일이 있어도 내 마음은 변치 않는다.)
There's no use protesting, I won't change my mind.
(반대해 봐야 소용없어. 내 마음은 바뀌지 않아.)
I change my mind because I don't like the color.

▶ change one's tune: change one's tune은 "(상황 변화에 따라) 생각[태도]을 바꾸다"라는 뜻이다.
It didn't take him long to change his tune.
(그의 생각을 바꾸는 데 오래 걸리지 않는다.)
Wait until it happens to him—he'll soon change his tune.
(그에게 그런 일이 생길 때까지 기다려 봐. 곧 그의 생각[태도]이 바뀔테니.)
You change your behaviour and perhaps then we'll change our tune.
(자네가 행동 방식을 바꿔봐. 그러면 아마도 우리가 태도를 바꿀 것이니까.)

They changed their tune, however, when they discovered where I worked.

▶ change one's ways : change one's ways는 "생활 태도를 바꾸다"라는 뜻이다.

But again, they will not change their ways .

(그러나 또 다시 그들은 그들의 생활 태도를 바꿀 것이다.)

Anon has changed his ways, he's good now.

(아논은 생활 태도를 바꾸게 되니까 그는 이제 좋아졌어.)

During the interview, Paris Hilton said she'd change her ways and become a better person or something.

(인터뷰를 하는 동안, 패리스 힐튼은 자신의 생활 태도를 바꾸어 더 좋은 사람이 될 것이라고 말했다.)

Also because we seem to enjoy demanding they change their ways rather than us changing ours.

◈ change가 구동사(phrasal verb)로 change sth around/round, change back와 change over 등이 있다.

▶ change sth around/round : change sth around/round는 "~의 위치를 바꾸다, 방향을 바꾸다"라는 뜻이다.

I'd like to change my room around .

(나는 방안을 좀 바꾸고 싶은데요.)

You've changed all the furniture around.

(가구 위치를 다 바꾸셨네요.)

They don't care if they change the story around all they care about is the money.
(그들의 관심사가 온통 돈이었다는 이야기를 바꿀 수 있었다면, 그들은 신경 쓰지 않았을 것이다.)
Things are about to change round here.

▶ change back: change back은 ① "(이전의 상황 · 형태 등으로) 다시 바뀌다", ② "(~으로) 다시 갈아입다"와 ③ "~을[를](~으로) 다시 환전하다"라는 뜻이다.

①의 예

But the rules can always be changed back.
(그러나 그 규칙들은 항상 다시 바뀔 수 없다.)
The name is now changed back to the original.
(그 이름은 원래 이름으로 다시 바뀐다.)
Venus had no choice but to change the girl back into a cat.
(비너스는 그녀를 다시 고양이로 변하게 하는 것 말고는 다른 선택의 여지가 없었다.)
Please change it back, I really can't read it!

②의 예

You changed back to your old clothes.
(너 옛날 옷으로 다시 갈아입었구나.)
I'll just change back into my tracksuit.
(나는 막 운동복으로 다시 갈아입으려 해요.)
She changed back into her work clothes.
(그녀는 다시 작업복으로 갈아입었다.)

Her sister said the victim changed back into her school uniform in the car.

③의 예

How much is it going to cost to change back ?

(환전하는데 얼마가 듭니까?)

You can change back unused dollars into pounds at the bank.

(사용 안한 달러는 은행에서 다시 파운드로 환전할 수 있다.)

I need to change back my dollars into English money.

▶ change over : change over는 "(시스템이나 위치를)(~에서)(~으로) 바꾸다"라는 뜻이다.

I changed over to Macs about 4 years ago.

(난 사 년 전 쯤 맥으로 바꾸었다.)

The farm has changed over to organic methods.

(그 농장은 유기농법으로 전환했다.)

We are gradually changing over to a completely metric system.

(나는 점차 완전히 미터법으로 바꾸고 있다.)

The two men swapped places, always extinguishing the light when they changed over.

◈ 무언가를 무언가와 바꾸거나 교환하는 경우에는 change/exchange sth for sth 으로 표현한다.

She wants to change a shirt for a smaller size.

(그녀는 셔츠를 더 작은 치수로 교환하고 싶어 한다.)

Of course we'll change it for a larger size, Madam.
(그럼요. 더 큰 치수로 교환해 드리겠습니다, 여사님.)
This shirt I bought's too small—I'll have to change it for a bigger one.
(제가 산 이 셔츠가 너무 작아서 그러는데요 더 큰 걸로 교환해야 할 것 같아요.)
I'd like to change this shirt for a larger size.

I'd like to exchange this for something else.
(이것을 다른 것과 교환하고 싶습니다.)
You can exchange your currency for dollars in the hotel.
(호텔에서 당신의 화폐를 달러로 환전할 수 있어요.)
Do you think they'll still let me exchange it for something else?
(그래도 다른 걸로 교환해줄까?)
Please, exchange this traveler's check for cash.

6 doubt의 쓰임새

doubt가 명사로 "의심, 의혹, 의문"이란 뜻으로 쓰인다. doubt가 동사로 ① "확신하지 못하다, 의심하다, 의문[의혹]을 갖다"와 ② "믿지 않다, 의심하다"라는 뜻으로 쓰인다.

〈doubt가 명사로 쓰이는 경우〉

a feeling of doubt and uncertainty(반신반의 하는 기분)

There is some doubt about the best way to do it.

(그것을 하는 가장 좋은 방법에 대해서는 약간 의문이 있다.)

He had to be certain. There could be no room for doubt.

(그는 확신을 해야 했다. 의심의 여지가 있을 수 없었다.)

His intellect and mental agility have never been in doubt.

(그는 지성과 정신적 기민함이 탁월하기로 인정을 받는다.)

She knew without a shadow of a doubt that he was lying to her.

(그녀는 그가 자기에게 거짓말을 하고 있음을 추호도 의심할 것 없이 알고 있었다.)

Whether he will continue to be successful in future is open to doubt.

(그가 앞으로도 계속 성공할 것인가는 의문의 여지가 있다.)

The article raised doubts about how effective the new drug really was.

(그 기사는 그 신약이 정말 얼마나 효과적인가에 대해 의문을 불러일으켰다.)

New evidence has cast doubt on the guilt of the man jailed for the crime.

(새로운 증거가 그 범행으로 수감된 남자의 유죄 사실에 대해 의혹을 갖게 했다.)

They were troubled and full of doubt.

There can be little doubt that he will offend again.

I had my doubts when she started, but she's getting really good.

◈ doubt가 숙어로 beyond any doubt, be in doubt, have one's doubts (about sth), if in doubt, no doubt와 without/beyond doubt 등이 있다.

▶ beyond any doubt : beyond any doubt는 "(조금도) 의심의 여지없이"라는 뜻이다.

They are malcontents and the end results prove it beyond any reasonable doubt .

(그들은 불평분자들이며 최후의 결과가 의심할 여지없이 이를 증명해준다.)

The research showed beyond doubt that smoking contributes to heart disease.

(그 연구는 흡연이 의심의 여지없이 심장병의 원인이 됨을 보여 주었다.)

The prosecution was able to establish beyond reasonable doubt that the woman had been lying.

(검찰은 그 여자가 거짓말을 해 오고 있었음을 누가 봐도 의심할 여지없이 입증할 수 있었다.)

You have to prove his guilt beyond any doubt.

▶ be in doubt : be in doubt는 "의심스럽다[불확실하다]"라는 뜻이다.

The success of the system is not in doubt .

(그 시스템의 성공은 의심할 여지가 없다.)

White was in no doubt the referee made the correct decision.

(화이트는 주심이 온당한 판정을 내렸다는 것을 전혀 의심하지 않았다.)

If you are in any doubt as to whether you should be doing these exercises, consult your doctor.
(당신이 이러한 운동을 해도 되는지 조금이라도 의심스러우면 의사와 상의하라.)
Is anyone in doubt about what they're supposed to be doing?

❆ 이런 의미인 경우에는 be unsure/uncertain이나 not be sure/certain으로 보통 표현된다.
I was unsure whether I would be able to cope.
(나는 내가 이것을 잘 대처할 수 있을지 확신이 서지 않았다.)
I am unsure that we will ever be in that position.
(우리가 장래 언젠가 그 직위에 앉게 될지 저는 확신이 안서요.)
They were unsure as to what the next move should be.
(그들은 다음 움직임[조치]이 어떤 것이어야 하는지에 대해 확신이 없었다.)
Whenever I'm not sure about the meaning of a work, I look in my dictionary.

It is uncertain what his role in the company will be.
(회사 내에서 그의 역할이 무엇이 될 것인지는 불분명하다.)
We were also uncertain about how therapeutic work will be affected.
(우리는 역시 치료법의 효과가 어떻게 영향을 미칠지에 대해 불확실했다.)

Whether the Chinese locomotive can similarly be counted on is uncertain.

(중국이 그런 역할을 해 줄 수 있을 지는 불확실하다.)

I am uncertain if a simple transmission would be adequate.

I'm not sure what a good result will be.

(좋은 결과가 있을지 모르겠어요.)

I am not sure that would be acceptable.

(나는 그것이 받아들여질지 확신할 수 없다.)

I'm not sure I'll be any good but I'll have a bash.

(내가 잘 할지 모르겠지만 한 번 해 볼 거야.)

I wasn't sure you were gonna be here.

I wasn't certain where to sit.

(나는 어디에 앉아야 할지에 대해 확신할 수 없었다.)

Officials emphasized that they could not be certain.

(공무원들은 확신할 수 없다는 점을 강조했다.)

I'm not certain, but there will be at least five persons.

(확실치는 않지만, 적어도 다섯 명은 될 거예요.)

We are not certain whether the appendix had already burst or not.

▶ have (one's) doubts (about sth): have one's doubts (about sth)는 "(~에 대해) 의문을 품다"라는 뜻이다.

It may be all right. Personally, I have my doubts.

(그게 맞는지도 모르지. (하지만) 나로서는 의문스러워.)

I have doubts about the practicality of their proposal.

(나는 그들 제안의 실현 가능성이 의심스럽다.)

I've had my doubts about his work since he joined the firm.
(나는 그가 회사에 입사한 이후로 그의 일에 대해 계속 의문을 품어왔다.)
We have our doubts about sending Kevin to a boarding school.

▶ if in doubt: if in doubt는 "확신이 안 서면"라는 뜻이다.

If in doubt, wear black.
(확신이 안 서면, 검은 색을 입어라.)
If in doubt, wait for at least a couple days.
(확신이 서지 않으면 최소한 이틀 이상 기다리십시오.)
If in doubt, contact your dealer or the boat's manufacturer.
(확실하지 않으면 대리점이나 보트 제조업체에 문의하십시오.)
If in doubt, call my cell phone.

▶ no doubt: no doubt는 ① "아마(...일 것이다)"와 ② "틀림없는"이란 뜻이다.

①의 예

No doubt he lives very comfortably.
(아마 그가 아주 편안하게 사는 것일 거다.)
No doubt she'll call us when she gets there.
(그녀가 거기에 도착하면 아마 우리에게 전화를 할 것이다.)
No doubt he was forced to leave his family against his will.
(필시 그는 본의 아니게 가족과 헤어져야만 했을 것이다.)
No doubt now that she's had plastic surgery in the past.

②의 예

No doubt I had blundered again.

(틀림없이 내가 또 어처구니없는 실수를 했던 것이다.)

He's made some great movies. There's no doubt about it.

(그는 몇 편의 훌륭한 영화를 만들어 왔어. 그건 틀림없어.)

They have the usual quota of human weaknesses, no doubt.

(그들도 틀림없이 누구에게나 있는 인간적인 약점이 있지.)

They would no doubt welcome the action with open arms.

❋ There is no doubt that은 '말하고자 하는 것이 사실인 것이라고 누군가를 설득하고 싶을 때' 격식을 차리는 스타일에서 보통 사용되어진다.

There is no doubt about the best way to do it.

(그것을 하는 가장 좋은 방법에 대해서는 약간 의문이 있다.)

There is no doubt at all that we did the right thing.

(우리가 옳은 일을 했음에는 전혀 의심할 여지가 없다.)

There was no doubt in his mind that the man was serious.

그가 생각할 때 그 남자가 진지했다는 것은 의심의 여지가 없었다.)

There is no doubt that the present government has lost a great deal of support.

▶ without/beyond doubt: without/beyond doubt는 "의심할 여지없이"라는 뜻이다.

His essay was without doubt the best of all.

(의심할 여지없이 그의 수필은 최고였다.)

This meeting has been, without doubt, one of the most useful we have had so far.

(이번 회의는 의심할 여지없이 지금까지 우리가 했던 가장 유익한 회의 중 하나였다.)

This was without doubt the most interesting situation that Amanda had ever found herself in.

(이것이 아만다가 겪은 가장 흥미있는 상황이라는 것에는 의심할 여지가 없다.)

Another item which deserves support is without doubt better use of renewable energy.

His guilt was proved beyond all doubt by the prosecution.

(그가 유죄임은 검찰(당국)에 의해 전혀 의심할 여지없이 입증되었다.)

She knew beyond a shadow of a doubt that he was lying.

(그녀는 그가 거짓말을 하고 있다는 것을 일말의 의심도 없이 알고 있었다.)

A referendum showed beyond doubt that voters wanted independence.

(국민 투표 결과 의심의 여지없이 유권자들이 독립을 원한다는 사실이 드러났다.)

The research showed beyond doubt that smoking contributes to heart disease.

❆ without doubt는 의견이나 판단과 관련되어 '확고하게 어떤 것이 사실이라고 믿는' 경우에 쓰인다. 그런데 no doubt는 '기대하거나 가정하는' 경우에 쓰인다.

He was without doubt a top player and an outstanding leader.

(그는 의심의 여지없이 최고의 선수이자 훌륭한 지도자였다.)

It is, without doubt, one of the saddest cases that I have dealt with as a Member of Parliament.

(그것은 의심할 여지도 없이 내가 의원으로서 처리해오던 가장 안타까운 사례들 가운데 하나이다.)

Without doubt, in many important respects, China is very demonstratively a capitalist society.

(의심할 바 없이 여러 가지 중요한 측면에서, 중국은 아주 명백한 자본주의 사회다.)

She is without doubt one of the kindest women you'll ever meet.

No doubt this won't be the last time.

(이게 아마 마지막이 되진 않을 거야.)

And no doubt you'll be a good teacher.

(그리고 아마 자네는 좋은 선생님이 될 거야.)

No doubt he will have some good excuse.

(아마 그가 핑계를 둘러댈 것이다.)

They will no doubt be writing to us again.

❇ '사실이나 일반적으로 동의되는 어떤 것을 언급하는' 경우에는 of course(물론, 그럼, 그렇지요)가 쓰인다. of course는 흔히 말하는 내용이 놀라운 것이 아니거나, 일반적으로 알려져 있거나 받아들여지는 것임을 나타내기 위해 쓰인다.

This, of course, is utter nonsense.

(이것은 물론 전적으로 말이 안 된다.)

Of course he'll still haggle over the price.

(물론 그는 여전히 가격을 가지고 흥정을 할 것이다.)

Of course, literacy isn't the same thing as intelligence.

(물론, 읽고 쓰는 능력은 지능과는 다른 것이다.)

Mrs. Thatcher is no longer in charge, of course.

〈doubt가 동사로 쓰이는 경우〉

①의 예

Do you ever doubt your faith?

(당신은 본인의 믿음을 의심해 본 적이 있으십니까?)

I never doubted (that) she would come.

(나는 그녀가 오리라는 걸 결코 의심하지 않았다.)

There seems no reason to doubt her story.

(그녀의 이야기에 의문을 가질 이유가 없는 것 같다.)

I doubt if such a thing is of any practical use.

(나는 그런 것이 과연 실익이 있을지 의심스럽다.)

I doubt whether/if the new one will be any better.

(새 것이 조금이라도 더 나을지는 의문이다.)

I doubt whether the medicine will have any effect.

(나는 그 약이 효험이 있을지 의문스럽다.)

A: Do you think England will win?

B: I doubt it.

(A: 당신은 잉글랜드가 이길 거라고 생각하세요?

B: 그건 의문이에요.)

I doubt he'll interpret it that way.

To doubt is safer than to be secure.

②의 예

Why do you doubt my son?

(당신은 왜 내 아들을 의심하는 거죠?)

I had no reason to doubt him.

(나는 그를 의심할 이유가 없었다.)

There is good reason to doubt this.
(이것을 의심할 타당한 이유가 있다.)
There is no possible reason to doubt him.
(그를 의심할 납득 가능한 이유가 하나도 없다.)
Your question suggests that you doubt my sincerity.
(당신의 질문은 내 성실성을 의심하고 있음을 암시하고 있다.)
We began to doubt his morality because of his lies.
(우리는 그가 한 거짓말 때문에 그의 도덕성을 의심하기 시작했다.)
You haven't even heard me out yet and already you doubt me.
(내 말을 아직 듣지 않고서 너는 벌써 나를 의심하는구나.)
There is no reason to doubt him.
I'm sorry, I didn't mean to doubt you.
No one should doubt the United States in this situation.

◈ doubt가 '확실성이나 확실성에 가까운 것을 표현하기 위해 사용될 때' 보통 that이 뒤따른다. 이런 의미인 경우에는 doubt는 부정적인 낱말인 not/no/little/not much와 함께 쓰인다.

I don't doubt that he will pass.
(그가 꼭 합격할 것으로 생각한다.)
I don't doubt that he means well.
(나는 그가 선의(善意)를 품고 있다는 것은 의심하지 않는다.)
I don't doubt that security was sloppy.
(나는 경비가 허술하다는 것을 의심하지 않는다.)
I don't doubt[There is no doubt] but (that) you will achieve it.
(당신이 그것을 해낼 것을 의심치 않는다.)
I don't doubt that he's innocent.

There's no doubt that an immediate change is required.

(즉각적인 변화가 필요한 것은 말할 필요도 없을 것이다.)

There's no doubt that he's among our very best athletes.

(의심의 여지없이 그는 최고의 선수다.)

There was no doubt in his mind that the man was serious.

(그가 생각할 때 그 남자가 진지했다는 것은 의심의 여지가 없었다.)

I have no doubt that you will overcome this situation soon.

(저는 아마도 당신께서 곧 이 상황을 이겨내실 거라고 믿습니다.)

I've no doubt that he's innocent.

There's no doubt that he's innocent.

There was little doubt in my mind.

(내 마음속에 의심은 거의 들지 않았다.)

There appeared little doubt about that.

(그것에 관해서는 별로 의심할 바가 없었다.)

There is little doubt they were very expensive.

(그것들이 매우 비싼 것은 의심할 여지가 없다.)

There is little doubt, however, that things will improve in the not too distant future.

(하지만, 그리 멀지 않은 미래에 사정이 나아지리라는 것은 별로 의심할 여지가 없다.)

I'm in little doubt that he's innocent.

And there isn't much doubt she'll use it.

(그리고 그녀가 그것을 사용할 것인지에 대해 썩 의심하지 않는다.)

There's not much doubt about who's responsible.

(누가 책임을 지는지에 대해 썩 의심하지 않는다.)

There's not much doubt about his being a savant.
(그가 석학이 될 것이라는 데 대해 의심의 여지가 상당히 없다.)
As usual in Africa, there is not much doubt about who will win.
(아프리카에 늘 그렇듯이 누가 이길 것인지에 대해 의심의 여지가 상당히 없다.)
There was not much doubt about English football's player of the season last term.

◈ doubt는 '어떤 것이 일어날 것 같지 않은 것을 생각하는' 경우에는 보통 if/whether가 뒤따른다.
I doubt whether/if his remark is true.
(나는 그의 말이 사실인지 의심스럽다.)
Others doubted whether/if that would happen.
(다른 사람들은 그 일이 실제로 일어날지 미심쩍게 생각했다.)
I doubt whether/if the new one will be any better.
(새 것이 조금이라도 더 나을지는 나는 의문이다.)
I doubt whether/if her motives for donating the money are altruistic.
(나는 돈을 기증하는 그녀의 동기가 이타적인지 궁금하다.)
I doubt whether/if he's innocent.
(=I think that he is probably guilty.)
She doubts whether/if she'll be able to come on Sunday.

❆ 그러나 몇몇 사람들은 또한 다음과 같이 I doubt that he's innocent, but careful users regard this as incorrect.라고 쓸 수도 있다.
I don't doubt that he means well.
(난 그가 선의(善意)를 품고 있다는 것은 의심하지 않는다.)

I doubt that the stock market will go up.

(나는 주가가 오를 것이라는 걸 의심해요.)

I do not doubt that he will win in the end.

(나는 결국 그가 이길 것을 의심치 않는다.)

I doubt that it would get better.

7 influence와 effect의 차이

influence는 명사로 ① "영향", ② "영향력"과 ③ "영향(을 미치는 사람 · 것)"이란 뜻으로 쓰인다. effect는 명사로 ① "영향, 결과, 효과", ② "(화가 · 작가 등이 만들어 내는) 느낌[인상]"과 ③ 항상 복수 형태(effects)로 쓰여 "소지품"(=belongings)이란 뜻으로 쓰인다.

influence와 effect는 '영향' 때문에 같은 뜻으로 보이지만 혼동을 가져올 수 있다. influence는 '누군가 성장하거나 무엇이 개발하는 방식을 형성하는데 도움을 주는' 경우에 쓰이고, effect는 '누군가 또는 무엇에 발생하도록 변화를 일으키는' 경우에 쓰인다. 그러니까 effect는 "(다른 사람 · 사물에 의해 어떤 사람 · 사물에게 초래되는) 영향[결과/효과]"인 것이다.

〈influence의 경우〉

①의 예

the influence of the climate on agricultural production(기후가 농작물 생산에 미치는 영향), to have/exert a strong influence on sb(…에게 강한 영향을 미치다)

His presence had a calming influence.

(그가 함께 있는 것이 마음을 진정시키는 데 도움이 되었다.)

What exactly is the influence of television on children?

(텔레비전이 아동들에게 미치는 영향은 정확히 어떤 것인가?)

Foreign domination had a malign influence on local politics.

(외국의 지배는 현지의 정치에 해로운 영향을 끼쳤다.)

I didn't know TV was a dangerous influence.

②의 예

He committed the crime under the influence of drugs.

(그는 약물의 힘을 빌려[약물 때문에] 그 범행을 저질렀다.)

Her parents no longer have any real influence over her.

(그녀의 부모는 이제 더 이상 그녀에게 진정한 영향력이 없다.)

She could probably exert her influence with the manager and get you a job.

(아마 그녀가 그 매니저에게 영향력을 발휘하여 너에게 일자리를 구해 줄 수도 있을 것이다.)

He tried to exert his influence on the best club in London.

③의 예

cultural influences(문화적인 영향)

Those friends are a bad influence on her.

(그 친구들이 그녀에게 나쁜 영향을 준다.)

Environment is a potent influence on character.

(환경은 성격에 강한 영향을 미친다.)

His first music teacher was a major influence in his life.

(그의 첫 음악 선생님이 그의 인생에 주요한 영향을 준 인물이었다.)

The media has a powerful influence on public opinion.

◈ influence가 숙어로 under the influence가 있다.

▶ under the influence: under the influence는 ① "과음한 상태에서"와 ② "영향으로[영향아래]"라는 뜻이다.

①의 예

The heart opens under the influence of wine.
(술을 마시면 마음이 풀린다.)
She was charged with driving under the influence.
(그녀는 음주 운전으로 기소되었다.)
He was fined for driving under the influence of alcohol.
(그는 음주운전으로 벌금을 물었다.)
Never drive under the influence of drugs or alcohol.

②의 예

Are you under the influence of any narcotics, miss?
(아가씨, 당신은 어떤 마약류에 영향을 받고 있나요?)
Under the influence of the typhoon, strong wind is blowing.
(태풍의 영향으로 강풍이 불고 있다.)
They were arrested for disruptive behavior while under the influence of meth.
(그들은 필로폰 환각 상태에서 난동을 부린 혐의로 구속되었다.)
He confessed his love under the influence of alcohol.

◈ influence는 명사 이 외에 동사로 ① “(사람의 행동 · 사고에) 영향을 주다[미치다]”와 ② “(상황에) 영향을 미치다”로 쓰인다.

①의 예

to be strongly influenced by sth(…에[로부터] 강항 영향을 받다)

Don’t let me influence you either way.

(어느 쪽으로든 나의 영향을 받지[내 생각에 구애되지] 않기를 바래요.)

His writings have influence the lives of millions.

(그의 글은 수백만 명의 삶에 영향을 주어 왔다.)

His family have been a very positive influence on him.

(그의 가족은 그에게 아주 긍정적인 영향을 주어 왔다.)

The wording of questions can influence how people answer.

(질문할 때 사용하는 말이 사람들이 대답하는 방식에 영향을 미칠 수 있다.)

This shows environmental factors influence them.

②의 예

Population changes may influence these trends.

(인구 변화는 이러한 경향들에 영향을 줄 것이다.)

Newspapers influence the trend of public opinion.

(신문은 여론의 동향에 영향을 준다.)

A number of social factors influence life expectancy.

(몇 가지 사회적 요소가 기대 수명에 영향을 미친다.)

There is no magic way to influence the exchange rate.

(환율에 영향을 미치는 마법적인 방법은 없어요.)

Many other medications have an influence on cholesterol levels.

◈ influence가 명사로 쓰여 "~에게 영향을 미치다"인 경우에는 영향을 미치는 대상 앞에 전치사 on이나 over를 쓰고, influence가 동사로 쓰여 "(사람의 행동 · 사고에) 영향을 주다[미치다]"인 경우에는 영향을 주거나 영향을 미치는 대상 앞에 전치사를 쓰지 않고 바로 대상이 뒤따라 나온다.

▶ Music has a strong influence on our emotion.
(음악은 우리의 감정에 큰 영향을 끼친다.)
I thought Sonny would be a good influence on you.
(나는 소니가 너에게 좋은 영향을 줄 것이라고 생각했다.)
No job has more influence on the future of the world.
(이보다 세계의 미래에 더 큰 영향을 끼치는 직업은 없다.)
His family have been a very positive influence on him.
(그의 가족은 그에게 아주 긍정적인 영향을 주어 왔다.)
The President's wife has a strong influence on his thinking.

He's never had any influence over her.
(그는 그녀에게 영향을 끼친 것이 전혀 없다.)
Celebrities have a lot of influence over consumers.
(연예인들은 소비자들에게 많은 영향을 끼친다.)
He denies exerting any political influence over them.
(그는 그들에게 어떠한 정치적인 영향력도 행사하지 않았다고 한다.)
The teacher had a good influence over his students.

▶ I didn't know if it would influence you.

(나는 그것이 너에게 영향을 끼칠 것인지 아닌지 몰랐어.)

He is trying to improperly influence a witness.

(그는 목격자에게 부당하게 영향력을 행사하려고 하고 있다.)

He wants the movie to influence the presidential election.

(그는 그 영화가 대통령 선거에 영향을 미치길 바라고 있다.)

The good news is that we can influence the bacteria, too.

(좋은 소식은 우리 또한 박테리아에게 영향을 끼칠 수 있다는 것이다.)

The revolution of 1789 influenced events far beyond France.

◈ influence의 형용사는 influential로 "영향력이 있는, 영향력이 큰"이란 뜻이다.

a highly influential book(대단히 영향력이 있는 책)

It helps to have influential friends.

(그것은 영향력 있는 친구들을 사귈 수 있게 해 준다.)

He had been influential in shaping economic policy.

(그는 경제 정책을 계획하는 데 영향력을 발휘했었다.)

She is one of the most influential figures in local politics.

(그녀는 지역 정치계에서 가장 영향력 있는 인물 가운데 한 명이다.)

The committee was influential in formulating government policy on employment,

(그 위원회는 취업 문제에 대한 정부 정책 형성에 영향력이 컸다.)

This book was enormously influential.

He was one of the most influential performers of modern jazz.

〈effect 의 경우〉

①의 예

dramatic/long-term effects(극적인/장기적인 영향), the effect of heat on metal(열이 금속에 미치는 영향), to learn to distinguish between cause and effect(원인과 결과를 구별하는 법을 배우다[구별할 줄 알게 되다])

Her presence during the crisis had a calming effect.

(그 위기 상황 중에 그녀의 존재는 사람들을 진정시키는 효과가 있었다.)

I can certainly feel the effects of too many late nights.

(내가 너무 여러 날 밤을 늦게까지 보낸 영향이 뚜렷이 느껴진다.)

Her criticisms had the effect of discouraging him completely.

(그녀의 비판은 그의 사기를 완전히 꺾어 놓는 결과를 낳았다.)

Despite her ordeal, she seems to have suffered no ill effects.

(그녀는 호된 시련애도 불구하고 악영향을 거의 받지 않을 것 같다.)

Modern farming methods can have an adverse effect on the environment.

(현대 농경법은 환경에 안 좋은 영향을 미칠 수 있다.)

I tried to persuade him, but with little or no effect.

A: I'm feeling really depressed.

B: The winter here has that effect sometimes.

②의 예

Add a scarf for a casual effect.

(자연스런 느낌을 주려면 스카프를 하라.)

He only behaves like that for effect.

(그는 사람들에게 인상적으로 보이려고 저러는 것뿐이야.)

The overall effect of the painting is overwhelming.

(그 그림의 전반적인 인상은 사람을 압도한다.)

The stage lighting gives the effect of a moonlit scene.

(무대 조명이 달빛이 비치는 장면이라는 느낌을 준다.)

The general effect of this picture appeals to me.

③의 예

It was with his personal effects.

(그의 개인 휴대품들과 같이 있었다.)

I only have my personal effects.

(저에게 개인 소지품뿐입니다.)

Just my personal effects. I only have personal belongings.

(제 개인 소지품들이고, 저는 제 물건들만 가지고 있을 뿐이에요.)

The insurance policy covers all baggage and personal effects.

(그 보험 약관은 모든 수하물과 개인 소지품을 포괄한다.)

I picked up your personal effects.

◈ effect가 숙어로 bring/put sth into effect, come into effect, in effect, take effect, to the effect that... | to this/that effect와 to no effect 등이 있다.

▶ bring/put sth into effect: bring/put sth into effect는 "~을[를] 시행[발효]하다"라는 뜻이다.

That provision has not been brought into effect.

(그 공급은 시행되지 않고 있다.)

This policy will be brought into effect for the poor.

(이 정책은 빈곤층을 대상으로 시행될 예정이다.)

The system was brought into effect from last November without any major trouble.
(이 시스템은 작년 십일 월부터 큰 문제없이 시행되었습니다.)
It is not a practical, working measure that could be brought into effect tomorrow.

That decision will be put into effect in March.
(그 결정은 삼 월에 시행될 것이다.)
The recommendations will soon be put into effect.
(그 권고 조항들은 곧 시행될 것이다.)
These and other such measures ought to have been put into effect in 1985.
(이러저러한 조치들은 천구백팔십오 년에 실행되었어야 했다.)
This project will be put into effect in the farming and fishing communities first.

▶ come into effect: come into effect는 "시행[발효]되다, 실시되다"라는 뜻이다.
New controls come into effect next month.
(새 관리 규정들이 다음 달에 시행된다.)
The laws may not come into effect until June.
(그 법은 육 월까지는 시행되지 않을 것이다.)
The economic sanction against North Korea came into effect last year.
(북한에 대한 경제적 제재가 작년에 발효되었다.)
It is essential that this agreement come into effect as soon as possible.

▶ in effect : in effect는 ① "사실상[실제로는]"과 ② "(법이나 규정이) 시행[발효] 중인"라는 뜻이다.

①의 예

In effect , the two systems are identical.

(사실상 그 두 시스템은 동일하다.)

In effect, no one has discussed the original proposals.

(사실상, 아무도 최초의 제안에 대한 논하지 못했다.)

His wife had, in effect, run the government for the past six months.

(지난 육 개월간은 실질적으로 그의 아내가 정부를 운영했다.)

In effect, we are saying that a glorious and golden opportunity is being missed to put the matter right.

②의 예

These laws are in effect in twenty states.

(이들 법률은 이십 개 주에서 시행되고 있다.)

There's a storm watch in effect for the south coast.

(남해 전 해상에 폭풍주의보가 발효 중이다.)

The system has been in effect for twenty-five years.

(그 제도는 이십오 년 동안 실시되어 왔습니다.)

When will the new security system be in effect?

▶ take effect: take effect는 ① "효력을 발휘하기 시작하다, 효과가 나타나다"와 ② "시행[발효/적용]되다"라는 뜻이다.

①의 예

This medicine has taken effect.

(이 약은 잘 들었다.)

The aspirins soon take effect.

(아스피린은 효과가 곧 나타난다.)

The contract will take effect after a year.

(계약은 일 년 후부터 효력이 발생한다.)

Annulment takes effect on the date the decision was taken.

②의 예

The new law takes effect from tomorrow.

(그 새 법률은 내일부터 시행된다.)

The new legislation takes effect immediately.

(이 새로운 법은 즉시 효력을 발생하게 됩니다.)

The traffic laws don't take effect until the end of the year.

(그 교통 법규들은 올해 말까지 시행되지 않는다.)

The traffic laws don't take effect until the end of the year.

▶ to the effect that... | to this/that effect: to the effect that... | to this/that effect는"(말 · 글이) …라는 취지의/ 이런[그런] 취지의"라는 뜻이다.

She told me to get out—or words to that effect.

(그녀가 내게 꺼지라든가 뭐 그런 뜻의 말을 했다.)

There were comments to the effect that this is all politics.
(이것이 모든 정치학이라는 취지의 논평이 있었다.)
I understand that a circular to this effect will be issued in the next few weeks.
(나는 이러한 취지로 광고 전단이 다음 몇 주 동안 배포될 것이라고 알고 있다.)
He left a note to the effect that he would not be coming back.
(그는 돌아오지 않을 거라는 취지의 메모를 남겼다.)
He said something to the effect that it was true.
He produced a handwritten note to this effect that he said he had written in his car immediately after the visit.

▶ to no effect: to no effect는 "아무 효과가 없는"이란 뜻이다.
It was all to no effect.
(그것은 전혀 소용이 없었다.)
We warned them, but to no effect.
(우리가 그들에게 경고를 했지만 아무 효과가 없었다.)
A patient took sleeping pills but it is to no effect.
(한 환자는 수면제를 먹었지만 그것은 무익하였다.)
They tried to persuade him to change his mind, but to no effect.

◈ effect가 동사로 "(어떤 결과를) 가져오다, 달성하다, 산출하다"(=bring about)라는 뜻이다. 그렇지만 이 경우는 쓰이는 빈도가 상당히 낮고 격식을 차리는 표현이다.
to effect a cure/change/recovery(치유/변화/회복을 가져오다)
It can effect a lot of things.
(그것은 많은 것을 초래할 수 있다.)

I'm able to effect real change.

(나는 진짜 변화를 초래할 수 있어요.)

They hope to effect a reconciliation.

(그들은 화해를 이뤄 내기를 희망하고 있다.)

The new president effected several major changes.

◈ 그런데 '(다른 무엇에 의해 야기되거나 만들어지는) 결과'는 result 가 쓰인다.

She died as a result of her injuries.

(그녀는 부상을 입고 그 결과로[부상을 입은 끝에] 사망했다.)

This book is the result of 25 years of research.

(이 책은 이십오 년간의 연구가 낳은 결과이다.)

He made one big mistake, and, as a result, lost his job.

(그는 한 가지 큰 실수를 저질렀고, 그 결과 일자리를 잃었다.)

The failure of the company was a direct result of bad management.

(그 회사의 실패는 잘못된 경영의 직접적인 결과였다.)

The farm was flooded, with the result that most of the harvest was lost.

(그 농장이 물에 잠겨서 농작물 대부분이 유실되는 결과를 낳았다.)

The result has been a giant leap in productivity.

The end result of her hard work was a place at medical school.

◈ 그리고 '어떤 행동으로 인해 초래될 수 있는 부정적인 결과를 말할 때' 흔히 쓰이는 "(발생한 일의, 특히 좋지 못한) 결과"는 consequence 가 쓰인다. consequence는 보통 adverse(불행한), disastrous(비참한), fatal(치명적인), harmful(해로운), negative(부정적인), serious(심각한), tragic(비극

적인)과 unfortunate(불행한)와 같은 형용사와 함께 쓰이는데, 아무 형용사가 없을 때라도 부정적인 결과를 나타낸다.

He drove too fast with tragic consequences.

(그가 차를 너무 빨리 몰다가 비극적인 결과를 초래했다.)

This is a necessary consequence of progress.

(이것은 진행상의 필연적인 결과이다.)

It was an inevitable consequence of the decision.

(그것은 그 결정의 필연적인 결과였다.)

This decision could have serious consequences for the industry.

(이 결정이 산업에 심각한 결과를 가져올 수도 있다.)

Two hundred people lost their jobs as a direct consequence of the merger.

(그 합병의 직접적인 결과로 이천 명의 사람들이 직장을 잃었다.)

There have been more unintended consequences.

The accident was the inevitable consequence of carelessness.

▶ consequence는 "(발생한 일의) 결과"라는 뜻 이 외에 "중요함"이란 뜻도 있다. 이런 뜻인 경우에는 of consequence, of little consequence와 of no consequence라는 구로 자주 쓰인다.

Don't worry. It's of no consequence.

(걱정 마. 그건 중요하지 않아.)

Your opinion is of little consequence to me.

(자네의 의견은 내게 그다지 중요하지 않네.)

True, but that doesn't mean it's of no consequence.

(사실이야, 그렇지만 그건 대수롭지 않다는 말은 아냐.)

It happened a long time ago and was of no consequence.

(그것은 오래전에 일어났고 중요하지 않다.)

His father's a man of consequence, though.

That was my only act of consequence while I had that responsibility.

❆ consequence의 숙어로 in consequence (of sth)가 있다.

▶ in consequence (of sth) : in consequence (of sth)는 "(~의) 결과로"라는 뜻이다.

New services are hard to develop in consequence.

(결과적으로 새로운 서비스가 개발되기 어렵다.)

In consequence unit costs are below planned levels.

(결과적으로 단가는 예정된 수준보다 낮다.)

The child was born deformed in consequence of an injury to its mother.

(그 아이는 엄마가 부상을 입은 결과 기형아로 태어났다.)

In consequence, all such auctions have to be in euros.

◈ "결과"를 뜻하는 다른 낱말로 outcome이 있다. '흔히 다른 무엇의 직접적인 결과에 대해 말할 때'이거나 '어떤 사건이 일어난 후에 무슨 일이 있었는지를 말할 때' 흔히 쓰이는 result와는 달리 outcome은 '정확한 인과관계는 덜 분명하지만 어떤 과정의 끝에 일어나는 일에 대해 말할 때'이거나 '어떤 행동이나 과정이 있기 전에 그런 일이 있을 것 같은 것 같음에 대해 말할 때' 흔히 쓰인다.

We are confident of a successful outcome.

(우리는 성공적인 결과를 확신한다.)

Four possible outcomes have been identified.

(네 가지의 가능한 결과가 밝혀졌다.)

These costs are payable whatever the outcome of the case.

(이들 비용은 소송 결과에 상관없이 지불해야 한다.)

We are waiting to hear the final outcome of this negotiations.

(우리는 그 협상의 최종 결과에 대한 소식을 기다리고 있다.)

Mr. Singh said he was pleased with the outcome.

It's too early to know the outcome of her illness.

8 job, occupation과 profession의 차이

job, occupation과 profession은 모두 '직업'이라는 한글 표현으로 인해 거의 같은 뜻으로 생각할 수 있다. 그렇지만 이 세 가지의 쓰임새는 경우에 따라 다르다고 볼 수 있다.

job은 ① "(정기적으로 보수를 받고 있는) 직업, 일자리", ② "(해야 하는 특정한) 일[과제]", ③ "책임, 책무"와 ④ "범죄. 범행"이란 뜻으로 쓰인다. occupation은 ①"직업", ② "심심풀이", ③ "점령(기간)"과 ④ "(건물 · 방 · 토지 등의) 사용, 거주"라는 뜻으로 쓰인다. profession은 ① "(특히 많은 교육이 필요한 전문적인) 직업[직종]", ② the profession으로 쓰여 "(특종 직종) 종사자들, -계(界)", ③ the professions로 쓰여 "(의사 · 변호사 같은 전통적인) 전문직"과 ④ "공언, 천명"(=declaration)이란 뜻으로 쓰인다.

job 은 '생계를 위해 자신이 하는 일'을 일컫는다. occupation 은 job과 같이 '생계를 위한 일' 즉, "직업"을 일컫는다. 그런데 occupation은 job 보다 훨씬 덜 일반적이고 주로 격식을 차리는 글이나 공식적인 글에 주로 사용된다. profession 은 '법률, 의학, 교직처럼 높은 수준의 훈련과 교육인 전문 교육을 필요로 하는 전문직'을 일컫는다.

〈job 의 경우〉

①의 예

a summer/holiday/Saturday/vacation job(하계/방학[휴가]/토요일/방학[휴가] 중에 하는 일[일자리]), a temporary/permanent job(임시직/영구직)

He's trying to get a job.

(그는 취직을 하려고 애쓰는 중이다.)

Did they offer you the job?

(그들이 당신에게 그 (일)자리를 제의했나요?)

His brother's just lost his job.

(그의 형[동생]이 얼마 전에 실직을 했다.)

I'm thinking of applying for a new job.

(난 새로운 직장에 지원을 해 볼 생각이다.)

The takeover of the company is bound to mean more job losses.

(그 회사의 기업 인수는 틀림없이 더 많은 실직 사례가 생길 것을 의미한다.)

John's new job sounds really interesting.

I know she works for the BBC but I'm not sure what job she does.

②의 예

They don't and can't do that job.

(그들은 그 일을 하지도 않고 할 수도 없다.)

I've got various jobs around the house to do.

(나는 집에서 여러 가지 할 일이 있다.)

The builder has a couple of jobs on at the moment.

(그 건축업자은 현재 두어 가지 일[공사]를 하고 있다.)

Sorting these papers out is going to be a long job.

(이 서류들을 정리하는 것은 시간이 많이 걸리는 일이 될 것이다.)

You did a great job! I love your 2008 review very much.

(자네는 정말 잘 해주었네! 이천팔 년에 쓴 비평은 내가 정말 좋아하는 거라네.)

I'm sure you'll do a great job.

It's everyone's job to try and save the planet.

③의 예

It's not my job to lock up!

(문 잠그는 것은 내 책임이 아니에요!)

We have the perfect job for you.

(당신에게 딱 맞은 일이 있습니다.)

Raising kids is a hard enough job.

(아이를 키우는 것은 힘든 일이다.)

Someone's not doing their job properly!

(누군가는 그들의 임무를 제대로 완수하지 않고 있어!)

Now that you have started the job, try to finish it.

(이제 그 일을 시작했으니 끝내도록 해보세요.)

Not sure if I should take this job or not.

It's their job! It doesn't harm them in any way.

④의 예

a bank job(은행 범죄[절도]), an inside job(내부자 범행)

We are afraid it is an inside job.

(우리는 그게 내부자 범행이 아닐까 걱정이다.)

He is convinced it was an inside job.

(그는 그게 내부자 범행이었다고 확신한다.)

Of course he won't say it was an inside job.

(물론 그는 그게 내부자 소행이었다고 말하지 않을 것이다.)

I believe without a doubt that 911 was an inside job.

(틀림없이 구일일은 내부자 소행이었다는 것을 나는 믿고 있다.)

I did wonder about an "inside job" but it's probably doubtful.

(나는 "내부자 범죄"에 관해 궁금해 했지만 그건 아마도 의심스럽다.)

I'm sure AIDS was an inside job.

It is completely ridiculous saying the 9/11 attack was an inside job.

〈occupation의 경우〉

①의 예

May I ask what your occupation is?

(어떤 종류의 일을 하고 계십니까?)

What most likely is the man's occupation?

(남자의 직업으로 가장 적당한 것은 무엇인가?)

Please state your name, age and occupation below.

(아래에 성명, 연령, 직업을 기입하세요.)

Please state your occupation and place of residence.

(직업과 주소를 말씀해 주세요.)

People in manual occupations seems to suffer less from stress.

Please give brief details of your employment history and present occupation.

②의 예

Reading is his exclusive occupation.

(독서는 그의 유일한 소일거리다.)

Parachuting is a dangerous occupation.

(낙하산 강하는 위험한 일이다.)

Her main occupation seems to be shopping.

(그녀는 주된 심심풀이가 쇼핑인 것 같다.)

Reading is a profitable occupation for our moments of leisure.

(독서는 여가를 보내는 유익한 방법이다.)

For me, hunting is a noble occupation.

Smoking is a perfectly lawful occupation.

③의 예

occupation forces(점령군), the Roman occupation of Britain(로마의 영국 점령)

What they have in mind is conquest by occupation.

(그들이 생각하고 있는 것은 점령을 통한 정복이다.)

The building was taken over by the occupation army.

(그 건물이 점령군에게 접수되었다.)

The area under occupation contained major industrial areas.

(점령된 지역들에는 주요 산업 지역들이 들어가 있었다.)

France was under German occupation during World War Ⅱ.

(프랑스는 제이 차 세계대전 중에 독일의 점령 하에 있었다.)

We suffered and died during their occupation.

During the occupation, the church was used as a mosque.

④의 예

The offices will be ready for occupation in June.

(사무실들이 육 월이면 사용할 수 있도록 준비가 될 것이다.)

No one was in occupation of the flat when I stayed there.

(내가 그곳에 머물렀을 때 아무도 그 아파트에 살고 있지 않았다.)

The level of owner occupation has increased rapidly in the last 30 years.

(지난 삼십 년 동안 소유주 거주 수준이 빠르게 증가했다.)

The following applies only to tenants in occupation after January 1 2016.

(다음 사항은 이천십육 년 일 월 일 일 이후에 입주한 세입자들에게만 적용된다.)

The houses will be ready for occupation by March.

The occupation of the building will be phased over a period of three months.

〈profession의 경우〉

①의 예

(英) the caring profession(사람들을 돌보는 직종), the medical/legal/teaching, etc. profession(의료직/법률직/교직 등), to enter/go into/join a profession(어떤 직종에 종사하게 되다[몸을 담다])

He was an electrician by profession.

(그는 직업이 전기 기사였다.)

He worked his way to the top of his profession.

(그는 자기 전문 분야에서 최고의 자리까지 나아갔다.)

In this profession, women outnumber men by two to one.

(이 직종에서는 여자가 남자보다 이 대 일로 수가 더 많다.)

In a few years he had climbed to the top of his profession.

(몇 년 내에 그는 자기 직종에서 최고의 자리까지 올라갔었다.)

Her energy and talent took her to the top of her profession.

(그녀의 에너지와 재능이 그녀를 자기 전문 분야의 최고 자리에 이르게 했다.)

He has scaled the heights of his profession.

Until recently, medicine has been a male-dominated profession.

②의 예

She followed her mother into the medical profession.

(그녀는 어머니 뒤를 따라 의료계에 들어갔다.)

The legal profession has/have always resisted change.

(법조계는 항상 변화해 저항해 왔다.)

Nurses are leaving the profession in increasing numbers.

(간호사들이 점점 더 많은 수가 이 직종을 떠나고 있다.)

Drastic measures are needed to clean up the profession.

(동업자들의 부패를 청산하기 위해서는 과감한 조치가 필요하다.)

I don't even think she's a member of the dental profession.

(심지어 나는 그녀가 치과 직종의 일원이라고 생각조차 하지 않는다.)

Keeping one's word is necessary in the legal profession.

There are several attempts to attract new recruits to the nursing profession.

③의 예

employment in industry and the professions(산업계와 전문직 내의 고용)

And if it was a member of the professions?

(그리고 그것이 전문직의 한 사람이었다면?)

People in the professions are also aging rapidly.

(전문직에 있는 사람들도 빠르게 늙고 있다.)

Men prefer women in the intellectual professions.

(남성들은 지적 분야에 종사하는 전문직 여성들을 선호한다.)

It is one of the most trusted professions in the world.

(그것은 세상에서 가장 믿음직한 전문직 가운데 하나이다.)

A great gulf yawned between business and the professions.
(실업과 전문직업간에는 커다란 간격이 있었다.)
Only 20 per cent of jobs in the professions are held by women.
In the professions allied to medicine, there are increases in the numbers in training.

④의 예

a profession of faith(신앙 고백)
He made profession of becoming a priest.
(그는 성직자가 되는 서원을 했다.)
He made profession of his faith in Christianity.
(그는 그리스도교의 신앙을 고백했다.)
He made his profession of knowing all about the case.
(그는 그 사건에 대한 모든 것을 고백했다.)
He made his profession of knowing all about the case.
(그는 그 사건에 대한 모든 것을 고백했다.)
Thus, before receiving Baptism, the catechumen must make his profession of faith.
(그리하여 세례를 받기 전 예비 신자는 반드시 신앙 고백을 해야 한다.)
The rite involves making a profession of faith.
This has not caused endless difficulty or trouble, or made professions feel that they are downtrodden.

9 moment의 쓰임새

moment는 ① "잠깐, 잠시", ② "(정확한 시점을 나타내는) 순간"과 ③ "(특정한) 때 [시기]"라는 뜻으로 쓰인다.

①의 예

One moment, please.

(잠깐만요.)

I'll be back in a moment.

(나 곧 돌아올 거야.)

Could you wait a moment, please?

(잠깐만 기다려 주시겠어요?)

We arrived not a moment too soon.

(우리는 하마터면 너무 늦게 도착할 뻔했다.)

Moments later, I heard a terrible crash.

(잠시 후에 나는 끔찍한 충돌 소리를 들었다.)

He thought for a moment before replying.

She stared at him a moment, then turned away.

②의 예

We're busy at the moment.

(지금은 우리가 바빠.)

I agreed in a moment of weakness.

(나는 순간적으로 마음이 약해져서 동의를 했다.)

At that very moment, the phone rang.

(바로 그 순간에 전화벨이 울렸다.)

From that moment our fate was sealed.

(그 순간부터 우리의 운명은 결정되었다.)

From that moment on, she never felt really well again.

(그 순간 이후로 다시는 그녀가 정말 기분[몸]이 좋아 본 적이 없었다.)

The dreaded moment had finally arrived.

Many people still remember the moment when they heard that President Kennedy had been assassinated.

③의 예

Have I caught you at a bad moment?

(내가 안 좋을 때 찾아온 건가요?)

That was one of the happiest moments of my life.

(그 때는 내 생애에서 가장 행복한 시기들 가운데 한 때였다.)

Would now be a suitable moment to discuss my report?

(지금이 제 보고서에 대해 논의하기에 적절한 때일까요?)

I'm waiting for the right moment to tell him the bad news.

(나는 그에게 그 나쁜 소식을 알려줄 알맞은 때를 기다리고 있다.)

The offer could not have come at a more opportune moment.

(그 제의는 더 이상 적절할 수 없는 때에 찾아왔다[정말 시기적절했다].)

At the moment you called, I was in the bath.

Paul started singing almost from the moment he could talk!

◈ 그런데 moment가 숙어(자주 쓰이는 낱말)(idiom)로 쓰이는 (at) any moment (now), at that moment, at this moment in time, for the moment/present, have its/your moments, in a moment, not for a/one moment, of moment와 of the moment, the moment (that)...,, the moment of truth는 다양하게 쓰인다.

▶ (at) any moment (now): (at) any moment (now)는 "금방이라도"라는 뜻이다.

He'll be here any moment now.

(그는 금방 여기로 올 거예요.)

Hurry up! He'll be back any moment now.

(서둘러! 그가 지금 금방이라도 돌아올 거야.)

He'll be here to see you any moment now.

(그가 금방이라도 널 보러 올 거야.)

The bridge is liable to collapse at any moment.

(그 다리는 금방이라도 내려앉을 것 같다.)

From the look of sky, it may begin to rain at any moment.

(하늘 모양을 보니 금방이라도 비가 곧 올 것 같다.)

Your comrade will be with you any moment.

At that very moment the phone rang.He might wake up at any moment.

▶ at that moment: at that moment는 "그때(에)"(=at that particular time)이란 뜻이다.

His heart skipped a beat at that moment.

(그때 그는 깜짝 놀랐다.)

At that moment he lost his balance and fell.

(그때에 그가 균형을 잃고 넘어졌다.)

At that moment she felt the first twitch of anxiety.

(그때 그녀는 처음으로 갑자기 불안감이 들었다.)

At that moment a chime sounded from the front of the house.

(그때 집 앞에서 차임벨 소리가 들려왔다.)

At that moment, I was behind the door and was eavesdropping.

(그때 나는 문 뒤에서 너희 얘기를 엿들었다.)

Just at that moment the telephone rang.
At that moment the car skidded on the ice and went off the road.

▶ at this moment in time: at this moment in time는 “지금[현재]로서는”이란 뜻이다.

They are interchangeable at this moment in time.
(현재로서는 그들은 교체 사용이 가능하다.)
He's touring South America at this moment in time.
(현재로서는 그는 남미를 여행 중이다.)
At this moment in time, teachers need to be careful.
(현재로서는, 선생님들은 신중해질 필요가 있다.)
At this moment in time, there is a dangerous power vacuum.
(지금으로서는, 위험한 권력 공백이 있다.)
At this moment in time, I don't know what my decision will be.
(현재로서는 내 결정이 어떻게 될지 나도 모르겠어.)
I do not know the answer to your question at this moment in time.
He skipped over that minute to instantly arrive at this moment in time.

▶ for the moment/present: for the moment/present는 “지금은[잠깐 동안은], 당장은, 우선은”이란 뜻이다.

Anyway, let's forget about that for the moment.
(그런데, 그것은 잠깐 잊어버리자.)
It was an actor whose name escapes me for the moment.
(그게 어떤 배우였는데 그 이름이 지금은 생각이 안 나네.)

This house is big enough for the moment, but we'll have to move if we have children.
(지금은 이 집 크기가 충분하지만 우리에게 아이들이 생기면 이사를 해야 할 것이다.)
They are separated for the present.
(그들은 당분간 떨어져있다.)
I have no more questions for the present.
(나는 지금은 더 이상 질문이 없다.)
She will stay in my house for the present.
(그녀는 당분간 우리 집에 머무를 것이다.)
For the moment, he is backing you.
For the present the existing truce will be extended.

▶ have its/your moments: have its/your moments는 "(나름대로) 좋은 [재미있는] 때도 있다"라는 뜻이다.
The film has its moments.
(그 영화는 제때를 만났다.)
This one has its moments.
(이것은 나름대로 재미있는 때도 있다.)
But it still has its moments.
(하지만 그래도 그것은 재미있는 때도 있을 거야.)
Airline business does have its moments.
(항공업은 나름대로 재미있는 때도 있습니다.)
The job isn't exciting all the time, but it has its moments.
(그 일이 항상 신나는 것은 아니지만 좋을 때도 있다.)
Well, it had its moments, my dear, it had its moments.
Usually nature has its moments of calm, also moments of irritating anger.

▶ in a moment: in a moment는 "곧, 바로"(=very soon)이란 뜻이다.

I'll be back in a moment.

(내가 이내 돌아오겠다.)

She'll join us in a moment.

(그녀는 곧 참석할 겁니다.)

We'll be ready in a moment.

(우리는 곧 준비될 겁니다.)

I agreed in a moment of weakness.

(나는 순간적으로 마음이 약해져서 동의를 했다.)

I'll think of his name in a moment when it comes back to me.

(내가 기억이 되살아나기만 한다면 그의 이름을 생각해낼 수 있을 것이다.)

I shall return you in a moment.

Sit down and the pastor will come in a moment.

▶ not for a/one moment: not for a/one moment는 "절대[결코] 아닌"이란 뜻이다.

They did not lie for a moment.

(그들은 절대 거짓말을 하지 않았다.)

He cannot be still even for a moment.

(그는 결코 잠시도 가만히 있지를 못한다.)

You must not relax for a moment while working here.

일하는 동안 한시라도 긴장을 절대 풀어서는 안 된다.)

I do not for a moment excuse myself from that stricture.

(나는 결코 그런 비난에서 내 자신을 변명하지 않는다.)

I don't think for a moment that she'll accept but you can ask her.

(난 그녀가 절대 받아들이지 않으리라고 생각하지만 네가 물어볼 수는 있겠지.)

Not for one moment must you leave her side.

I am not for a moment saying that the rules of international law are perfect.

▶ of moment : of moment는 "아주 중요한"이란 뜻이다.

matters of great moment(대단히 중요한 문제들)

This is not a matter of great moment.

(이것은 대단히 중요한 문제가 아니다.)

Your opinion is of little moment to me.

(자네의 의견은 내게 그다지 중요하지 않네.)

There is no transactions of moment to record.

(기록에 남길 만한 아주 중요한 거래는 아니다.)

Don't be concerned about the problem of little moment.

(별로 중요치 않은 문제 때문에 걱정하지 마라.)

Joyce is a good writer, even when he is not writing about things of great moment.

(조이스는 대단히 중요한 것들에 관해 쓰지 않을 때조차도 훌륭한 작가이다.)

We meet to consider questions of great moment.

Literature, its exertions and objects, were now of little moment in my regard.

▶ of the moment: of the moment는 "(사람 · 일 · 쟁점 등이) 현재 아주 유명한[중요한]"이란 뜻이다.

He is the man of the moment.
(그는 요즘 각광을 받는 인물이다.)
The book of the moment is *Justice*.
(현재 세상의 주목을 끌고 있는 책은 『정의』이다.)
He's the man of the moment, isn't he?
(그는 요즘 한창 잘 나가, 안 그래?)
She's the fashion designer of the moment.
(그녀는 현재 아주 유명한 패션 디자이너이다.)
This is the hot designer bag of the moment.
(이것은 현재 아주 유명한 명품백이야.)
He calls it a 'contraption', using his favorite word of the moment.
This is the woman of the moment: the first Olympic gold medalist in gymnastics in this country.

▶ the moment (that)...: the moment (that)는 "…하는 바로 그 순간[…하자 마자]"(=as soon as)이란 뜻이다.

I want to see him the moment he arrives.
(나는 그가 도착하자마자 만나고 싶다.)
I forgave you the moment that I was told.
(내가 듣는 그 순간 나는 당신을 용서했다.)
The moment I saw him I knew everything was wrong.
(내가 그를 보는 바로 그 순간 나는 모든 게 잘못되었다는 것을 알았다.)
Telephone me the moment that you've destroyed them.
(자네가 그것들을 파괴하는 순간 나에게 전화를 해.)

The moment that there are incentives that will change the market.
(장려 정책이 있는 바로 그 순간 그것이 시장을 변화시킬 것이다.)
I felt it from the moment that I laid eyes on her.
He fell in love with Samantha the moment he set eyes on her.

▶ the moment of truth : the moment of truth는 "진실을 밝힐[진실이 드러나는] 순간"이란 뜻이다.

The moment of truth is here.
(자, 진실을 밝힐 순간입니다.)
Now comes the moment of truth.
(이제 진실이 드러나는 순간이 다가온다.)
The moment of truth has now arrived.
(진실을 밝힐 순간이 이제 도래했다.)
The moment of truth came very early yesterday.
(어제 진실을 드러내는 순간이 너무 일찍 왔다.)
Now it's time for the moment of truth.
(자, 이제 진실을 말할 시간이다.)
Yet, the moment of truth is now upon us, in my opinion.
Well, the moment of truth has arrived, ladies and gentlemen.

10 mood와 atmosphere의 차이

mood는 ① "기분", ② "기분이 안 좋은 때", ③ "분위기"와 ④ 문법 용어로 "서법 (문장 내용에 대한 화자의 심적 태도를 나타내는 동사의 범주)"라는 뜻과 문법 용어로 "법(진술 내용의 확실성 · 가능성 · 필요성 등을 나타내는 동사 표현)"으로 쓰인다. atmosphere는 ① the atmosphere로 쓰여 "(지구의) 대기", ② "(다른 행성의) 대기", ③ "(방이나 한정된 공간의) 공기, (특정한 기운이 도는) 곳[장소]"과 ④ "분위기, 기운"이란 뜻으로 쓰인다.

mood와 atmosphere가 '분위기'란 뜻으로 쓰이는 경우에 혼동의 여지가 있다. mood는 "기분"이란 뜻으로 주로 쓰이는데 '누군가가 행복하거나 화가 나거나 등과 같이 특별한 시간에 느끼는 방식'을 나타내는 경우에 쓰인다. atmosphere는 '어떤 장소가 누군가에게 제공하는 일반적인 인상'을 나타내는 경우에 쓰인다.

〈mood의 경우〉

①의 예

to be in a foul/filthy mood(기분이 더럽다)

She's in a good mood today.

(그녀가 오늘은 기분이 좋다.)

The mood in the hall was electric.

(홀의 분위기는 들떠 있었다.)

People were in a pretty good mood.

(사람들은 매우 즐거워했다.)

I'm just not in the mood for a party tonight.

(난 오늘 밤 파티를 할 기분이 아니다.)

He was in no mood for being polite to visitors.

(그는 방문객들을 정중히 대할 기분이 아니었다.)

He faced the press, initially, in a somewhat subdued mood.
(그는 처음에는 약간 가라앉은 기분으로 기자들을 대했다.)
Some addicts suffer violent mood swings if deprived of the drug.
(일부 중독자들은 약 기운이 떨어지면 급격한 기분 변화를 겪는다.)
I'd keep clear of George this morning — he's in one of his bad moods.

②의 예

She was in one of her moods.
(그녀가 기분이 안 좋아지는 그런 상태에 있던 때였다.)
I wonder why he's in such a mood today.
(그가 오늘 왜 그렇게 기분이 안 좋은지 모르겠군.)
She's been in a really black mood all day.
(그녀는 하루 종일 화가 정말 잔뜩 나 있다.)
He seems to be in a grumpy mood all the time these days.
(그는 요즘 항상 기분이 언짢은 상태에 있는 것처럼 보입니다.)
I'm not really in the mood for games.

③의 예

The heat is searing and the mood placid.
(그 더위는 타는 듯하고, 그 분위기는 차분하다.)
The Prime Minister was in ebullient mood.
(수상은 패기만만한 분위기였다.)
The mood of the meeting was distinctly pessimistic.
(그 회의 분위기는 뚜렷하게 비관적이었다.)
The movie captures the mood of interwar years perfectly.
(그 영화는 양 대전 사이에 해당하는 세월의 분위기를 완벽하게 포착

해 놓고 있다.)

The town was clearly in fiesta mood.

④의 예

the indicative/imperative/subjunctive mood(직설법/명령법/가정법)

The repetition of 'our' and the imperative mood of the command verb 'let' suggests.

('our'의 반복과 명령 동사 'let'의 명령법은 제시하고 있다.)

Consequently, when he visited the poorhouse, he always spoke in the imperative mood.

(결과적으로 그가 가난한집에 방문했을 때 그는 항상 명령조로 말했다.)

Respectfully, the law should not be suppositious, should not reside in the subjunctive mood.

(정중히 말하자면, 법은 추정되어서도 안 되고 가정을 하여서도 안 된다.)

He wants to move the claim from the conditional to the indicative mood, as the grammarians would say.

◈ mood의 형용사는 moody이다. moody는 ① "기분 변화가 심한", ② "(흔히 뚜렷한 이유 없이) 기분이 안 좋은[침울한]"(=grumpy)과 ③ "(영화 · 음악 · 장소가) 서글픈 기분을 주는, 쓸쓸한"이란 뜻이다.

①의 예

David's mother was unstable and moody.

(데이비드의 어머니는 감정의 기복이 심한 분이셨다.)

Moody people are very difficult to deal with.

(기분 변화가 심한 사람들은 다루기가 무척 힘들다.)

Her husband had become withdrawn and moody.

(그녀의 남편은 내성적이 되었고 감정의 기복이 심해졌었다.)

He did seem a little moody on the phone this morning.

(나는 오늘 아침 전화상으로 약간 감정의 기복이 있는 것 같았다.)

David's mother was unstable and moody.

②의 예

Why are you so moody today?

(너 오늘 왜 그렇게 기분이 안 좋니?)

Activists have a tendency to get all moody and serious all the time.

(운동가들은 항상 침울하고 심각해지려는 경향이 있어요.)

He was moody, temperamental, fluctuating between hope and despair.

(그는 우울하고 감정적이어서 희망과 절망 사이를 헤매었다.)

The monotonous routine of hospitable life induced a feeling of ennui which made him moody and irritable.

(쾌적한 생활의 단조로운 일상은 권태감을 유발해 그를 우울하고 신경질적으로 만들었다.)

Once in a while, she'll get moody and cover her face.

③의 예

This is a moody, black-and-white movie.

(이것은 서글픈 느낌을 주는 흑백 영화이다.)

During this time, Picasso painted the underprivileged in moody blues.

(이 시기에, 피카소는 쓸쓸한 기분을 주는 색조의 푸른색으로 소외 계층 사람들을 그렸다.)

The Moody Blues were an influential 1970s rock band, best known today for their lush, nostalgic sound.

<atmosphere의 경우>

①의 예

pollution of the atmosphere(대기 오염), the upper atmosphere(상층부 대기)

We are approaching the upper atmosphere.

(우리는 상층부 대기권으로 접근중입니다.)

Ozone is also part of the Earth's atmosphere.

(오존은 또한 지구 대기의 한 부분이다.)

CO2 has always existed in the Earth's atmosphere.

(이산화탄소는 항상 지구 대기에 존재한다.)

The moisture in the atmosphere condenses to form clouds.

(대기 중의 수증기가 응축되어 구름이 만들어진다.)

Greenhouse gases exist naturally in the atmosphere.

②의 예

Saturn's atmosphere(토성의 대기)

Our ship cannot enter the atmosphere.

(우리 우주선은 이 대기에 진입할 수 없다.)

There's no water vapour in the atmosphere.

(대기에 물 증기가 없다.)

The atmosphere of Mars could not support life

(화성의 대기는 생물체를 존재하게 할 수가 없을 것이다.)

The sun is not able to heat the atmosphere equally.

(태양은 모든 대기를 똑같이 데울 수가 없다.)

Jupiter has many, many clouds and a thick atmosphere.

③의 예

a smoky/stuffy atmosphere(연기 자욱한/텁텁한 공기)

There was a frigid atmosphere in the room.

(방 안은 냉랭한 공기였다.)

These plants love warm, humid atmospheres.

(이 식물은 따뜻하고 습기가 많은 곳을 좋아한다.)

These ferns will grow best in a humid atmosphere.

(이 양치류들은 습한 환경에서 가장 잘 자란다.)

These gases pollute the atmosphere of towns and cities.

(이런 가스들이 도시의 공기를 오염시킨다.)

There's something strange about the atmosphere outside.

④의 예

a party atmosphere(파티 분위기)

The old house is full of atmosphere.

(그 고가는 독특한 기운이 가득하다.)

The town has a festive holiday atmosphere.

(그 마을은 축제 분위기이다.)

Anthony felt the need to lighten the atmosphere.

(앤소니는 분위기를 좀 밝게 해야겠다고 느꼈다.)

house projects an atmosphere of calm and order.

(그 집은 고요하고 정돈된 분위기를 풍긴다.)

Use music and lighting to create romantic atmosphere.

(로맨틱한 분위기를 내려면 음악과 조명을 이용하라.)

There was an atmosphere of mutual trust between them.

(그들 사이에는 서로를 신뢰하는 분위기가 있었다.)

Anything was preferable to the tense atmosphere at home.

(뭐든지 집안의 긴장된 분위기보다는 나았다.)

The hotel offers a friendly atmosphere and personal service.

(본 호텔은 정다운 분위기에 개인적인 서비스를 제공합니다.)

The children grew up in an atmosphere of violence and insecurity.

(그 아이들은 폭력적이고 불안정한 분위기 속에서 자랐다.)

The whole place has a slightly spooky atmosphere.

Their house always has a warm, friendly atmosphere.

◈ atmosphere의 형용사는 atmospheric이다. atmospheric은 ① 명사 앞에서만 쓰이는 "대기의"와 ② "분위기 있는"이란 뜻이다.

①의 예

atmospheric pollution/conditions/pressure(대기 오염/대기의 상태/대기압), atmospheric warming(대기 온난화)

Atmospheric conditions are unstable.

(대기가 불안정하다.)

High atmospheric pressure overlies Outer Mongolia.

(외몽고는 고기압에 덮여 있다.)

The atmospheric pressure becomes lower with higher altitude.

(고도가 높아질수록 기압은 낮아진다.)

Atmospheric contamination by exhaust fumes from automobiles has become conspicuous, particularly in urban areas.

(자동차의 배기가스에 의한 대기 오염이 특히 시가지에서 현저해졌다.)

Atmospheric contamination has become conspicuous.

②의 예

a richly atmospheric novel(대단히 분위기 있는 소설), atmospheric music(분위기 있는 음악)

The chalet is lovely and atmospheric .

(샬레는 정말 아름답고 분위기 있어요.)

The original was so creepy and atmospheric.

(그 원본은 매우 기괴하고 분위기 있었다.)

This atmospheric film noir was lost for decades, and evokes the long-lost era of post-WWII West Germany.

(이 분위기 있는 영화는 수십 년간 잊혀졌고, 오랫동안 보지 못했던 서독의 제이 차 세계대전 시기를 떠올리게 한다.)

One of the most atmospheric corners of Prague is the old Jewish ghetto.

(프라하의 가장 운치 있는 곳 가운데 한 군데는 옛 유대인 거주지역이다.)

Atmospheric music goes a long way.

익힘문제

＊ 다음 글에서 틀린 부분이 있으면 고쳐 쓰세요.

1. I doubt that she is telling the truth.

2. He went to the party by a friend's car.

3. Acid rain is caused by several reasons.

4. After the run, I had an ache in my legs.

5. She got out from the car and apologized.

6. These drugs have no influence on the virus.

7. Without doubt you're tired after the journey.

8. For this cause the journey took a long time.

9. I went into the car and turned on the engine.

10. I'm disappointed by all the changes of London.

11. The mood of the castle depends on the weather.

12. This new service should benefit to all our customers.

13. The important thing is to be happy in your occupation.

14. At the moment I saw him I knew everything was wrong.

15. The streets were very crowded and had a holiday mood.

16. What are the advantages in studying in the United States?

17. I'd like to see him in my office the moment he will arrive.

18. It used to be difficult for women to get good occupations.

19. Although the film has its advantages, it also has a serious flaw.

20. I asked him not to keep disturbing me, but it had no influence.

21. At the moment the cat skidded on the ice and went off the road.

22. We can reduce the unemployment rate with a change of the economy.

23. I don't think that longer prison sentences would influence on criminals.

24. Whenever I doubt about the meaning of a word, I look in my dictionary.

25. If ever you have any kind of doubt, come and see me or one of the other teachers.

ANSWERS

1. I doubt whether she is telling the truth.
2. He went to the party in a friend s car.
3. Acid rain has several causes.

(* be caused by 다음에 reason은 사용하지 않는다.)

4. After the run, my legs were aching.
5. She got out of the car and apologized.
6. These drugs have no effect on the virus.
7. No doubt you re tired after the journey.
8. For this reason the journey took a long time.
9. I got into the car and turned on the engine.
10. I m disappointed by all the changes in London.
11. The atmosphere of the castle depends on the weather.
12. This new service should benefit all our customers.
13. The important thing is to be happy in your job.
14. The moment I saw him I knew everything was wrong.
15. The streets were very crowded and had a holiday atmosphere. 또는 The streets were full of people in a holiday mood.
16. What are the advantages of studying in the United States?
17. I d like to see him in my office the moment he arrives.

(* 시간이나 조건을 나타내는 부사절에서는 미래 시제 대신에 현재 시제를 쓴다.)

18. It used to be difficult for women to get good jobs.
19. Although the film has its merits/good points, it also has a serious flaw.
20. I asked him not to keep disturbing me, but it had no effect.
21. At that moment the cat skidded on the ice and went off the road.
22. We can reduce the unemployment rate with a change in the economy.
23. I don t think that longer prison sentences would influence criminals.
24. Whenever I am in doubt about the meaning of a word, I look in my dictionary.
25. If ever you are in any doubt, come and see me or one of the other teachers.

PART 3

형용사

1 actual과 present/current의 차이

2 delightful과 delighted의 차이

3 earnest와 serious의 차이

4 moist와 damp의 차이

5 subconscious와 unconscious의 차이

1 actual과 present/current의 차이

actual은 "실제의, 정확한, (중요한 부분을 강조하여) 사실상의, …자체는"이란 뜻으로 믿거나 계획된 것이거나 또는 기대된 것과 반대되는 실제의 또는 실제가 아니거나 정확해 보이지 않는 무엇과 대조적으로 쓰인다.

present는 "현재의, 현재 진행되고 있는"이란 뜻으로 current와 마찬가지로 지금 일어나고 있거나 존재하고 있는 경우에 쓰인다. 그리고 current는 "현재의, 현재 진행되고 있는"이란 뜻은 나타내지만 상황이 일시적임을 시사할 수 있다.

〈actual의 경우〉

What were his actual words?
(그가 실제로 뭐라고 했니?)

I need actual figures, not an estimate.
(나는 추정치가 아니라 정확한 수치가 필요해요.)

The actual cost was higher than we expected.
(실제 경비는 우리가 예상했던 것 보다 높았다.)

James looks younger than his wife but in actual fact he is five years older.
(제임스는 아내보다 젊어 보이지만 실제로는 그가 다섯 살이 더 많다.)

The wedding preparations take weeks but the actual ceremony takes less than an hour.
(결혼 준비는 수주일이 걸리지만 정작 예식 자체는 한 시간도 안 걸린다.)

People think he is over fifty but his actual age is forty-eight.

Although buses are supposed to run every fifteen minutes, the actual waiting time can be up to an hour.

〈present의 경우〉

There's no end in sight to the present crisis.

(현 위기 상황의 끝이 보이지 않는다.)

How long have you been in your present job?

(현재 다니시는 직장에 다니신 지 얼마나 되셨어요?)

The present system is in want of a total review.

(현 체제는 전면적인 재검토가 필요하다.)

This could be an advance on the present situation.

(이것은 현 상황에 대한 개선이 될 수 있다.)

The press is loaded in favor of this present government.

(언론이 현 정부에 지나치게 우호적이다.)

No one can drive that car in its present condition.

He has brought much of the present crisis on himself.

It has been skillfully renovated by the present owners..

◈ present는 형용사로 "현재의, 현재 진행되고 있는"이란 뜻 이 외에 ① "(사람이 특정 장소에) 있는, 참석[출석]한"과 ② "(사물·물질이 특정 장소··사물 속에) 있는, 존재하는"이란 뜻으로도 쓰인다.

①의 예

She owned (that) she had been present.

(그녀는 자기가 참석했음을 인정했다.)

He wanted that everybody should be present.

(그는 모두 출석해 주기를 바랐다.)

There were 200 people present at the meeting.

(그 회의에는 이백 명의 사람들이 참석했다.)

This could be an advance on the present situation.
(이것은 현 상황에 대한 개선이 될 수 있다.)
Nearly 85 per cent of men are present at the birth of their children.

②의 예

* 이런 뜻은 명사 앞에서는 쓰이지 않는다.

Levels of pollution present in the atmosphere are increasing.
(대기 속에 존재하는 오염 정도가 증가하고 있다.)
Analysis showed that traces of arsenic were present in the body.
(분석을 통해 그 시체 속에 비소의 흔적이 있음이 드러났다.)
This special form of vitamin D is naturally present in breast milk.
(비타민 디의 이런 특별한 형태는 자연적으로 모유에 있다.)
One theory is that the infection has been present in humans for a long time.

◈ present는 명사로 ① "선물"과 ② "현재, 지금"이란 뜻으로 쓰인다.

①의 예

birthday/Christmas/wedding, etc. presents(생일/크리스마스/결혼 선물 등)
What can I get him for a birthday present?
(그에게 생일 선물로 뭘 줘야 할까?)
Thanks for the present—it's just what I wanted.
(선물 고마워요. 내가 원하던 바로 그거였어요.)

You did a beautiful job of wrapping this present.
(자네는 이 선물 포장 정말 예쁘게 했구나.)
The carpet was a wedding present from the Prime Minister.

②의 예

* 이 경우는 보통 the present로 쓰인다.

Thus I do not want to change the present.
(따라서 나는 현재를 바꾸고 싶지 않다.)
I don't, but at least I'm living in the present.
(난 안 그래, 하지만 적어도 나는 현실에 충실하게 살고 있어.)
You've got to forget the past and living in the present.
(과거는 잊고 현재의 삶을 살기 시작해야 해.)
Then her thoughts would switch to the present.

▶ time의 숙어로 There's no time like the present.이 있다.

❆ There's no time like the present: There's no time like the present.는 "나중이 아니라 지금 하는 것이 중요하다[상책이다]"라는 뜻이다.

There's no time like the present.
(해야 할 일은 당장 하는 것이 상책이다[지금이 가장 좋은 기회].)

* 이 표현은 속담이다.

Well, I reckon there's no time like right now.
(글쎄 나는 지금 아니면 시간이 없을 거라 생각해.)
And there's no time like the present to start.
(시작하기에 지금이 가장 좋은 기회다.)
It's been too long, but There's no time like the present.

◈ present는 동사로 ① "(특히 공식적인 의식을 통해) 주다, 수여[증정]하다", ② "(사람들이 보거나 검토하도록) 제시[제출]하다", ③ "(특정한 방식으로) 보여 주다[나타내다/묘사하다]", ④ "(문제 등을) 야기하다[겪게 하다]"와 ⑤ "(기회 · 해결책 등이) 갑자기 생기다"(=arise)라는 뜻으로 쓰인다.

①의 예

The local MP start the race and present the prizes.

(지역 하원 의원이 경마를 개시하고 시상을 할 것이다.)

The sword was presented by the family to the museum.

(그 검은 그 가족에 의해 박물관에 증정되었다.)

On his retirement, colleagues presented him with a set of golf clubs.

(그가 은퇴할 때 동료들이 그에게 골프채 한 세트를 증정했다.)

She will present the trophies to the award winners.

②의 예

Are you presenting a paper at the conference?

(그 학회에서 논문 발표하세요?)

Eight options were presented for consideration.

(여덟 가지의 옵션이 고려 대상으로 제시되었다.)

The committee will present its final report to Parliament in June.

(그 위원회가 육 월에 최종 보고서를 의회에 제출할 것이다.)

The group intended to present this petition to the parliament.

③의 예

You need to present yourself better.

(당신 자신을 더 나은 모습으로 나타낼 필요가 있다.)

It is essential that we present a united front.

(우리가 합심하고 있다는 모습을 보여 주는 것이 필수적이다.)

He likes to present himself as a radical politician.

(그는 스스로를 급진적인 정치가로 나타내기를 좋아한다.)

The company has decided it must present a more modern image.

④의 예

Use of these chemicals may present a fire risk.

(이들 화학 물질을 쓰면 화재 위험이 있을 수 있다.)

Your request shouldn't present us with any problems.

(당신의 요청이 우리에게 어떤 문제를 야기해서는 안 된다.)

This presents a problem for many financial consumers.

(이것은 재정적인 많은 금융 고객들에게 문제를 야기한다.)

The future is going to be one that presents many challenges.

⑤의 예

* 이런 뜻으로 쓰일 경우는 present itself (to sb)의 형태로 쓰인다.

One major problem did present itself, though.

(하지만 한 가지 주요한 문제가 생겼다.)

Thankfully, a solution presented itself to him surprisingly soon,

(고맙게도 놀랍도록 일찍 그에게 해결책이 생겼다.)

As soon as the opportunity presented itself, she would get another job.

(기회가 생기기만 하면 그녀는 또 다른 일자리를 잡을 것이다.)

Their colleagues insulted them whenever the opportunity presented itself.

〈current의 경우〉

Archie liked to think he kept up with current slang.

(아치는 자신이 최신 속어에 밝다고 기분 좋게 생각했다.)

What is the current state of play in the peace talks?

(그 평화 회담은 현재 상황이 어떤가요?

He must sell the house for the current market value.

(그는 시가에 집을 팔아야만 한다.)

In the current economy, competition for jobs is tough.

(현재의 경제 상황에서 일자리 경쟁은 심하다.)

Much turns on the outcome of the current peace talks.

(많은 것이 현 평화 회담의 결과에 달려 있다.)

The factory cannot continue its current level of production.

(그 공장이 현재와 같은 수준의 생산을 계속 할 수는 없다.)

The current U.S. farm bill, however, is a big step backward.

(그러나, 미국의 현 농업 법은 크게 후퇴한다.)

Current boyfriend works for Shell.

Salaries have been frozen for the current year.

The current situation is very different to that in 1990.

◈ current는 "현재의, 현재 진행되고 있는"이란 뜻 이 외에 명사로 ① "(물·공기의) 흐름, 해류, 기류", ② "전류"와 ③ "(특정 집단 사람들 사이의) 경향[추세]"이란 뜻으로도 쓰인다.

①의 예

I felt a current of cool air.

(나에게 시원한 바람 한 줄기가 불어오는 게 느껴졌다.)

He swam to the shore against a strong current.

(그는 강한 물살을 헤치고 해변까지 헤엄을 쳐 갔다.)

Birds use warm air currents to help their flight.

(새들은 따뜻한 기류를 이용하여 비행에 도움을 얻는다.)

A fairly strong current seemed to be moving the whole boat.

②의 예

a 15 amp electrical current(십오 암페어의 전류)

Direct current is used in Europe.

(유럽에서는 직류 전기를 쓴다.)

Bill switched off the electric current.

(빌은 전기 스위치를 껐다.)

The block becomes magnetic when the current is switched on.

(전류의 스위치를 켜면 그 덩어리가 자석같이 된다.)

A powerful electric current is passed through a piece of graphite.

③의 예

Each party represents a distinct current of thought.

(각 당은 확연히 다른 사조를 대표한다.)

Ministers are worried by this current of antigovernment feeling.

(각료들은 이러한 반정부 정서를 우려하고 있다.)

If you go with the current, you follow the ideas of most people.

(만약 당신이 추세와 함께 한다면 당신은 대부분의 사람들의 생각을 따르는 것이다.)

A strong current of nationalism runs through ideology and politics in the Arab world.

◈ 그런데 actual의 부사형인 actually는 ① '실제로, 정말로, 실지로', ② '(실제와 생각 사이의 대조를 강조하여) 사실은[실지로는/실제로는]', ③ '(상대방의 말을 정중히 정정하며) 사실은'과 ④ '(거북한 화제를 꺼내거나 할 때) 저, 실은'이란 뜻으로 '현재'라는 뜻을 나타내지 않는다. 이런 뜻을 나타내기 위해서는 currently, at present나 at the moment를 쓴다.

〈actually의 경우〉

①의 예

What did she actually say?

(그녀가 정말 뭐라고 했나?)

It's not actually raining now.

(지금 실제로 비가 오지는 않는다.)

That's the only reason I'm actually going.

(그것이 내가 정말 가는 유일한 이유이다.)

One afternoon, I grew bored and actually fell asleep for a few minutes.

②의 예

It was actually quite fun after all.

(그것은 예상과 달리 상당히 재미있었다.)

The food was not actually all that expensive.

(음식이 실지로는 그 정도로 비싸지 않았다.)

Our turnover actually increased last year.

(실제로는 작년에 우리의 총 매출이 증가했다.)

No, I'm not a student. I'm a doctor, actually.

③의 예

They're not married, actually.

(사실 그들이 결혼한 사이는 아닙니다.)

We're not American, actually, we're Canadian.

(실은 저희들이 미국인이 아닙니다. 캐나다 사람이에요.)

Actually, it would be much more sensible to do it later.

(실은 그것을 나중에 하는 게 훨씬 현명할 듯해요.)

A: Do you think it's a good idea to socialize with one's patients?

B: Actually, I do, I think it's a great idea.

④의 예

Actually, I don't agree to it.

(사실, 전 그것에 동의하지 않습니다.)

Actually, I'll be a bit late home.

(저 실은 오늘 집에 조금 늦게 올 거예요.)

Actually, I'm busy at the moment—can't I call you back?

(저 있잖아, 내가 지금 바쁘거던, 나중에 내가 전화하면 안 될까?)

Well actually, Johh, I rang you for some advice.

〈current/at present/at the moment 의 경우〉

▶ current : current는 "현재의, 현행의, 지금의"라는 뜻이다.

The government is leery of changing the current law.

(정부는 현행 법률을 변경하는 것을 조심스러워하고 있다.)

The company was unable to match his current salary.

(그 회사에서는 그가 현재 받는 것과 대등한[것보다 더 나은] 봉급을 줄 수 없었다.)

She is exploiting the current situation for her own ends.

(그녀가 현 상황을 자기 자신의 목적을 위해 이용해 먹고 있다.)

A quarter of current inmates have committed violent crimes.

(현재 수감자의 사분의 일은 폭력 범죄를 저지른 사람들이다.)

Her daughter doesn't fit the current feminine ideal.

▶ at present : at present는 "현재는, 지금은, 현 시점에서, 현재, 목하"라는 뜻이다.

I'm sorry he's out at present .

(죄송하지만 그 분이 지금 안 계시는데요.)

We're not taking on any new clients at present.

(저희가 현재로서는 어떤 새 고객도 맡지[받지] 않습니다.)

As things stand at present, he seems certain to win.

(상황이 현재와 같다면 그가 확실히 우승할 것 같다.)

At present we're gleaning information from all sources.

(현재 우리는 모든 출처로부터 조금씩 정보를 수집하고 있다.)

There is no way at present of predicting which individuals will develop the disease.

▶ at the moment : at the moment는 “지금[마침], 바로 지금, 지금으로 서는”이란 뜻이다.

Things are manic in the office at the moment.

(지금 현재는 사무실 사정이 정신이 없다.)

The exchange rate is in our favour at the moment.

(현재는 환율이 우리에게 유리하다.)

We have very few nurses on our books at the moment.

(지금 현재 우리 명부에 올라 있는 간호사 수가 너무 적다.)

Exporters are in a strong bargaining position at the moment.

(현재는 수출국[업자]들이 협상의 유리한 위치에 있다.)

At the moment, no one is talking to me.

2 delightful과 delighted의 차이

delightful은 "정말 기분 좋은[마음에 드는]"(=charming)이란 뜻으로 쓰이고, delighted는 "아주 기뻐[즐거워]하는"이란 뜻으로 쓰인다. delightful은 '상당힌 기쁨을 주는'(giving great pleasure) 경우에 쓰이고, delighted는 '매우 기뻐하거나 만족해하는'(extremely pleased) 경우에 쓰인다.

〈delightful의 경우〉

a delightful book/restaurant/town(정말 마음에 드는 책/식당/소도시), a delightful child(정말 사랑스러운 아이)

It was the most delightful garden I had ever seen.
(그것은 내가 본 것 중 가장 보기 좋은 정원이었다.)

James Barron turns in a delightfully camp performance.
(제임스 베론의 재미있는 동성애 같은 연기가 좋은 성과를 거두었다.)

His 1998 memoir is a delightful trip down memory lane.
(그의 1998 회고록은 기억을 더듬어 가는 즐거운 여행이다.)

The town is in a delightful situation in a wide green valley.
(그 소도시는 넓은 초록 골짜기 안의 쾌적한 환경 속에 있다.)

Altogether, it was a delightful town garden, peaceful and secluded.
(요컨대, 그곳은 평화롭고 한적한, 쾌적한 마을 공원이었다.)

He was a man of few words with a delightful dry sense of humour.
(그는 유쾌하게 천연덕스러운 유머 감각을 지닌 말이 별로 없는 남자였다.)

Mrs. Viccary turned out to be a delightful person, wise, tolerant and understanding.
(비카리 여사는 쾌활하고, 현명하고, 관대하며, 이해심 있는 사람인 것으로 밝혀졌다.)

We had a delightful time talking about the olden days on his farm.
There are some delightful Victorian houses fronting onto the pavement.
Thank you for such a delightful evening. George and I thoroughly enjoyed ourselves.

<delighted의 경우>

a delighted smile(아주 기뻐하는 미소)
I was delighted with my presents.
(나는 선물들을 받고 정말 기뻤다.)
I'd be absolutely delighted to come.
(저도 가게 되면 정말 기쁠 거예요.)
I was delighted that you could stay.
(네가 머물 수 있어서 정말 기뻤어.)
I know Frank will be delighted to see you.
(프랭크가 너를 보면 분명히 매우 기뻐할 거야.)
She was delighted by/at the news of the wedding.
(그녀는 그 결혼 소식에 무척 기뻤다.)
I don't mind at all. Indeed, I would be delighted to help.
(전 전혀 개의치 않습니다. 사실 도와 드릴 수 있다면 기쁘겠어요.)
I want to say how delighted I am that you're having a baby.
(당신이 아이를 가져서 내가 정말로 얼마나 기쁜지 말해 주고 싶어요.)
She was delighted to finish second.
If you went to see him, he would be delighted.
I'm delighted to hear that you are feeling better.

3 earnest와 serious의 차이

earnest, serious, grave와 solemn이 낱말들은 모두 사람이 신중하고 현명하게, 그러나 흔히 별로 기뻐하거나 웃지는 않으면서, 생각을 하거나 행동함을 묘사한다. earnest는 "성실한, 진심 어린"이란 뜻으로 쓰인다. serious는 ① "(나쁘거나 위험한 정도가) 심각한", ② "진지한[심각한] (생각을 요하는)", ③ "만만찮은", ④ "(사람이) 진지한", ⑤ "진심인, 진지한, 농담이 아닌"과 ⑥ "(양이 많음을 강조하여) 정말 많은"이란 뜻으로 쓰인다. 사람의 경우 earnest는 '종종 재미있는 상황을 파악하지 못해 삶을 너무 진지하게 받아들이는 사람을 묘사할 때' 사용된다. 사람의 경우 serious는 '어떤 것에 완전히 전념하는 사람을 묘사할 때' 사용된다.

grave는 ① "(상황 · 감정 등이) 심각한"과 ② "(사람이 무슨 중대한 문제가 생긴 듯) 심각한"이란 뜻이다. solemn은 ① "(사람이) 침통한, 근엄한", ② "(말 · 행동 등이) 엄숙한"과 ③ "(종교 의식 · 공식적인 행사가) 엄숙한"이란 뜻이다.

〈earnest의 경우〉

an earnest young man

(성실한 청년)

I'm in deadly earnest.

(나는 지금 더없이 진지해.)

Catherine was a pious, earnest woman.

(캐서린은 신앙심이 깊고 진지한 여자였다.)

Despite her earnest efforts, she could not find a job.

(그녀는 진심 어린 노력에도 불구하고 일자리를 찾을 수 있었다.)

The earnest young doctor answered all our questions.

(대단히 성실한 그 젊은 의사는 우리의 모든 질문에 답을 해 주었다.)

The race for the White House begins in earnest today.

(백악관을 차지하기 위한 경쟁이 오늘 본격적으로 시작된다.)

Campaigning will begin in earnest tomorrow.

While this conversation was going on, I was listening with earnest attention.

◈ earnest는 숙어로 in earnest가 있다. in earnest는 ① "본격적으로"와 ② "진심으로[진지하게]"라는 뜻으로 쓰인다.

①의 예

Campaigning will begin in earnest tomorrow.

(선거 유세는 내일부터 본격적으로 시작될 것이다.)

The work on the house will begin in earnest on Monday.

(그 집에 대한 작업은 월요일에 본격적으로 시작될 것이다.)

He enjoyed his moments of solitude before the pressures of the day began in earnest.

(그는 하루의 분주함이 본격적으로 시작되기 전에 호젓한 자신의 시간을 즐겼다.)

The two countries can finally start negotiating in earnest about issues of mutual concern.

②의 예

I could tell she spoke in earnest.

(나는 그녀가 진심으로 말을 하고 있다는 것을 알 수 있었다.)

You may laugh but I'm in deadly earnest.

(넌 웃을지 모르지만 난 더없이 진지해.)

She finally settled down in earnest to draft the 100-page term paper.
(그녀는 진지하게 백 페이지 분량의 학기말 리포트 초안을 쓰는 데 몰두하였다.)
It presented in satirical terms points made in earnest by Catholic writers.

〈serious의 경우〉

①의 예

a serious illness/problem/offence(심각한 질병/문제/위법[위반] 행위), to cause serious injury/damage(심각한 부상/손상을 입히다[끼치다])
The consequences could be serious.
(그 결과는 심각할 수도 있을 것이다.)
Smoking is a serious danger to health.
(흡연은 건강에 심각한 위협이 된다.)
They pose a serious threat to security.
(그들은 보안에 심각한 위협이 되고 있다.)
Don't be flippant, damn it! This is serious.
(경솔하게 굴지 말란 말이야, 이 빌어먹을! 이건 심각한 일이라고.)
The United States is in a serious recession today.
(미국은 현재 심각한 경기 침체에 빠져 있다.)
The government still face very serious difficulties.
Crime is an increasingly serious problem in Russian society.

②의 예

a serious article (진지한[딱딱한] 글), a serious newspaper(진지한 신문)

I regard this as a serious matter.

(나는 이것이 중대한 문제라고 생각한다.)

I'm serious, things are difficult enough as they are.

(나는 심각하고, 문제는 있는 그대로 충분히 복잡하다.)

It's time to give serious consideration to this matter.

(이 문제를 심각하게 고려해야 할 때이다.)

My guess of 400 proved to be a serious underestimate.

(내가 사백이라고 추측한 것은 심각한 과소평가임이 드러났다.)

swear all of the above is part of a completely serious article.

(난 위에 있는 모든 것이 완전히 딱딱한 글의 일부분이라고 맹세해요.)

It was a question which deserved serious consideration.

My parents never really faced up to my drug use in any serious way.

③의 예

They pose a serious threat to security.

(그들은 보안에 만만찮은 위협이 되고 있다.)

The weight loss began to look more serious.

(체중 감소가 더 만만찮게 보이기 시작했다.)

The team is a serious contender for the title this year.

(그 팀은 올해 선수권을 노리는 만만찮은 경쟁자이다.)

Nowhere is language a more serious issue than in Hawaii.

(하와이에서만큼 언어가 만만찮은 사안이 되는 곳도 없다.)

We need to get down to the serious business of working out costs.

(우리는 경비 산출이라는 만만찮은 업무에 착수해야 한다.)

The peace process has suffered a serious blow now.

Clinton also discussed serious matters such as North Korea.

④의 예

He's not really a very serious person.

(그는 사실 별로 진지한 사람이 못 된다.)

I'm afraid I'm not a very serious person.

(난 별로 진지한 사람이 못 되는 것 같다.)

Be serious for a moment; this is important.

(잠깐 좀 진지해 봐. 이건 중요하단 말야.)

He struck me as a very serious but friendly person.

(그는 매우 진지하지만 다정한 사람이라는 인상을 주었다.)

There was no doubt in his mind that the man was serious.

생각할 때 그 남자가 진지했다는 것은 의심의 여지가 없었다.)

Have I ever not been serious?

She looked at me with big, serious eyes.

⑤의 예

You think I did it? Be serious !

(넌 내가 그랬다고 생각한다는 거야? 농담하지 마!)

Believe me, I'm deadly serious.

(날 믿어. 난 더없이 진지해.)

Don't laugh, it's a serious suggestion.

(웃지 마. 진심으로 제안하는 거야.)

Is she serious about wanting to sell the house?

(그녀가 그 집을 팔고 싶다는 게 진심인가요?)

He's really serious about Penny and wants to get engaged.

(그는 페니에 대해 정말 진심이고 약혼하고 싶어 한다.)

Oh, please! You cannot be serious.

It was just a casual remark—I wasn't really serious.

⑥의 예

It involves a serious financial loss.

(그것은 재정상의 큰 손실이 된다.)

I'm ready to do some serious eating.

(난 정말 뭘 좀 많이 먹고 싶어[배가 고파].)

You can earn serious money doing that.

(그것을 하면 정말 많은 돈을 벌 수 있어.)

The wasteful use of resources is very serious.

(자원 낭비는 아주 심각하다.)

He is in serious debt because his business collapsed.

(그는 사업이 망해서 빚더미에 올라앉았다.)

We were too serious and too young.

He started earning serious money only in the sixties.

〈grave의 경우〉

①의 예

The country was passing through a grave crisis.

(그 나라는 중대한 위기를 겪고 있었다.)

There is grave concern for the safety of witnesses.

(증인들의 안전에 대해 심각한 우려가 있다.)

He said that the situation in his country is very grave.

(그는 자기 나라의 상황이 매우 심각하다고 말했다.)

The consequences will be very grave if nothing is done.

(아무런 조치를 취하지 않으면 그 결과가 몹시 심각해질 것이다.)

The police have expressed grave concern about the missing child's safety.

(경찰이 그 실종된 아이의 안전에 대해 심각한 우려를 표해 왔다.)

The country's economy is now in grave peril.

He expressed grave concern at American attitudes.

②의 예

He was looking correctly grave.

(그는 적절하게 진지해 보였다.)

He looked very grave as he entered the room.

(방으로 들어오는 그의 모습이 몹시 심각해 보였다.)

They walked into the room, looking very grave.

(그들은 침통한 얼굴을 하고서 방으로 들어왔다.)

Anxiously, she examined his unusually grave face.

(걱정스럽게 그녀는 평소와 달리 심각한 그의 얼굴을 유심히 보았다.)

What do you do if you have made a grave mistake?

(만약 당신이 심각한 잘못을 했을 때, 무엇을(어떻게) 하는가?)

It remains a grave danger to the American people.

William was up on the roof of for some time and when he came down he looked grave.

◈ grave는 형용사 이 외에 명사로 ① "무덤, 묘, 묘소"와 ② 보통 문예체로 쓰여 "죽음, 사망"이란 뜻이다.

①의 예

We visited Grandma's grave.

(우리는 할머니의 산소에 성묘를 했다.)

There were flowers on the grave.

(그 무덤에 꽃이 놓여 있었다.)

He was buried in an unmarked grave.

(그는 묘표도 없는 무덤에 묻혔다.)

Relatives laid wreaths on the grave.

②의 예

He followed her to the grave.

(그는 아내가 사망한 후 곧 뒤따라 죽었다.)

Is there life beyond the grave?

(사후 세계가 있을까?)

She was rescued from a watery grave.

(그녀는 수장[익사]될 뻔하다가 구출되었다.)

Most men would rather go to the grave than own up to feelings of dependency.

▶ grave와 비슷한 뜻인 tomb(무덤)이 있다. 그런데 grave은 '죽은 사람이 놓여 있는 땅바닥에 있는 장소'이고, tomb은 '죽은 사람이 놓여 있는 장소'이다. tomb은 보통 돌로 만들어지거나 땅 위에 있다.

❈ grave의 예

to dig a grave(무덤을 파다)

They used to visit her grave twice a year.

(그들은 일 년에 두 번 그녀의 묘를 찾곤 했다.)

His grave has become a place of pilgrimage.

(그의 무덤은 하나의 순례지가 되었다.)

They stood in silent homage around the grave.

(그들은 무덤가에 서서 묵념을 올렸다.)

The coffin was slowly lowered into the grave.

❄ tomb 의 예

a monumental tomb(기념비적 무덤), the tomb of the Unknown Soldier(무명용사의 무덤)

The tomb had been robbed of its treasures.

(그 무덤은 보석을 도굴당한 상태였다.)

The Taj Mahal is a large tomb; It is also very beautiful.

(타지마할은 아주 큰 무덤이다. 그것은 또한 아주 아름답다.)

The Pyramids were built as tombs of the kings of ancient Egypt.

(그 피라미드들은 고대 이집트 왕의 무덤으로 만들어졌다.)

Our first stop was Tomb of the Unknown Soldier.

〈solemn 의 경우〉

①의 예

a solemn expression(근엄한 표정)

Her face grew solemn .

(그녀의 얼굴이 침통[근엄]해졌다.)

Her expression grew solemn.

(그녀의 표정이 침통[근엄]해졌다.)

His solemn little face broke into smiles.

(그의 작은 얼굴 위의 심각한 표정이 미소로 바뀌었다.)

His face suddenly turned solemn, his voice confidential.

②의 예

a solemn oath/undertaking/vow, etc.(엄숙한 맹세/약속/서약 등)

I made a solemn promise that I would return.

(나는 돌아가겠다고 엄숙히 약속했다.)

Erica was solemn, pulling at her blonde curls.

(에리카는 곱슬곱슬한 금발머리를 잡아당기며 심각하게 있었다.)

She made a solemn promise to him when they became engaged that she would give up cigarettes for good.

(그녀는 약혼하면서 평생 담배를 끊겠다고 그에게 엄숙히 약속했다.)

As your secretary, it is my solemn duty to read this.

③의 예

a solemn ritual(엄숙한 의식)

I believe that marriage is a solemn and holy thing.

(나는 결혼은 엄숙하고 거룩한 것이라고 믿는다.)

The ceremony was conducted in a solemn atmosphere.

(그 의식은 장엄하게 거행되었다.)

And this is my solemn pledge: I will work to build a single nation of justice and opportunity.

(그리고 이에 저는 다음과 같이 엄숙히 서약하는 바입니다. 저는 정의와 기회가 있는 단합된 국가를 건설하도록 노력하겠습니다.)

Anita Thompson has said she doesn't want Saturday's farewell to be a solemn event.

4 moist와 damp의 차이

moist는 "촉촉한"라는 뜻이다. damp는 "(흔히 불쾌감을 줄 정도로) 축축한[눅눅한]"이란 뜻이다. moist 는 '특히 기분 좋은 방식으로 약간 젖은' 경우에 쓰인다. 그런데 damp 는 '특히 차고 불쾌한 방식으로 약간 젖은' 경우에 쓰인다. moist 및 damp와 혼동을 일으킬 가능성이 있는 낱말은 humid이다. humid는 "(대기 · 날씨가) 습한"이란 뜻으로 쓰인다. humid 는 '따뜻하고 수증기로 그득한' 경우에 쓰인다.

〈moist 의 경우〉

a rich moist cake(유지방 많고 촉촉한 케이크), warm moist air(따스하고 촉촉한 공기)

Her eyes were moist .

(그녀의 두 눈은 촉촉이 젖어 있었다.)

The outside air was heavy and moist and sultry.

(바깥 공기가 후텁지근하고 습하고 찌는 듯하다.)

Leave a vent open to let some moist air escape.

(습한 공기가 좀 빠져나가도록 배출구를 열어 두어라.)

Water the plants regularly to keep the soil moist.

(화초들에 물을 규칙적으로 주어서 흙이 촉촉하게 하라.)

The soil is reasonably moist after the September rain.

(구 월에 비가 내린 후, 흙이 적당히 촉촉해졌다.)

Keep the soil moist. That way, the seedling will flourish.

(흙을 계속 촉촉하게 하세요. 그렇게 하면, 묘목이 잘 자랄 거예요.)

Fish is already tender and moist, so a marinade is just added for flavor.

(생선살이 이미 부드럽고 촉촉하니까 양념장은 맛을 돋우는 데만 사용한다.)

These plants prefer a warm, moist atmosphere.

Beth's dark eyes grew moist as she kissed her son.

If your skin is dry, rubbing honey on the skin will make your skin moist.

◈ moist의 동사는 moisten이다.

❆ moisten: moisten은 "촉촉해지다, 촉촉하게 하다, 축이다"란 뜻이다.

He moistened his lips before he spoke.

(그는 말을 하기 전에 입술을 축였다.)

She took a sip of water to moisten her dry throat.

(그녀는 마른 목을 축이려고 물을 한 모금 마셨다.)

She didn't cry during the sad part, but her eyes moistened.

(그녀는 슬픈 부분에서 울지 않았지만, 눈은 촉촉하게 젖어들었다.)

Moisten edge with a little water, fold over and press edges firmly together.

〈damp의 경우〉

It feels damp in here.

(여기는 눅눅하다.)

The cottage was cold and damp.

(그 시골집은 춥고 눅눅했다.)

Wipe the surface with a damp cloth.

(물기 있는 천으로 표면을 닦아라.)

The plants grow best in cool, damp conditions.

(그 식물들은 서늘하고 습기가 있는 환경에서 가장 잘 자란다.)

The warm damp air attracts a lot of mosquitoes.

(따뜻하고 습한 공기가 많은 모기를 끌어들인다.)

There was a smell of damp wood and machine oil.

(젖은 나무와 기계유 냄새가 났다.)

The air was heavy with the stink of damp and foulness.

(공기는 코를 찌르는 습한 냄새와 악취로 숨쉬기가 힘들었다.)

Her short spiky hair is damp with sweat.

The room was damp and the paper was peeling off.

The matches were damp and he couldn't make them strike.

◈ damp는 형용사 이 외에 명사로 "축축[눅눅]한 상태, 축축[눅눅]한 곳, (벽 등에 습기가 차서 생긴) 얼룩"이란 뜻으로 쓰인다.

The old house smells of damp .

(그 고가에서는 눅눅한 냄새가 났다.)

The contents dropped through by damp.

(습기 때문에 내용물은 아주 못쓰게 되었다.)

Those marks above the window look like damp to me.

(저기 창문 위에 있는 자국들이 내가 보기엔 얼룩 같아.)

The air was heavy with the stink of damp and foulness.

(공기는 코를 찌르는 습한 냄새와 악취로 숨쉬기가 힘들었다.)

The wall smelled of damp.

Another theory is that he might have attempted to cast a damper on a series of suspicions raised against him.

◈ damp는 형용사와 명사 이외에 동사로 "(물에)축이다[적시다]"(=dampen)란 뜻으로 쓰인다.

Damp the dress before you iron it.

(옷을 축축하게 적셔서 다림질을 해라.)

She damped a towel and wrapped it round the his leg.
(그녀는 수건을 물에 축여 그의 다리에 감았다.)
Hillsden damped a hand towel and laid it across her forehead.
(힐스덴은 손닦는 수건을 적셔서 그녀의 이마에 놓았다.)
Mr. Vernon had recourse to a ruse to assist in damping their spirits.

◈ damp가 낱말이 들어간 숙어로 a damp squid가 있다.

▶ a damp squid: a damp squid는 "(기대만큼 신나거나 인상적이지 않아서) 김[맥] 빠지는 일"라는 뜻이다.
Yes, but did you say "damp squid?"
(그래, 그런데 자네가 "맥 빠지는 일"이라고 말했던가?)
The rocket motor has fizzled out like a damp squib.
(로켓의 내연기관은 김빠진 폭죽처럼 꺼져버렸다.)
The simpleton who thought the phrase "damp squid" was correct.
('김빠지는 일'이란 구를 생각했던 멍청이가 옳았다.)
He is the biggest, dampest squid for a long, long time.

◈ damp의 구동사(phrasal verb)로 damp down sth이 있다.

▶ damp down sth: damp down sth은 ① "~의 김[맥]이 빠지다", ② "(불길을) 줄이다[끄다], ~의 화력을 떨어뜨리다", ③ "약하게 하다"와 ④ "축축하게 하다"라는 뜻으로 쓰인다.

①의 예

A few weeks' hard work should damp down his keenness.

(몇 주의 고된 일 때문에 그의 날카로운 면을 약화시켰다.)

My hopes of a better job damped down after six years' waiting.

(더 나은 직장에 대한 나의 바람은 육 년 동안의 기다림 후에 맥이 빠졌다.)

I do not think that it helps the regions to damp down London's growth potential.

(나는 그것이 그 지역이 런던의 성장 가능성을 맥이 빠지게 하는데 도움을 주지 는다고 생각한다.)

They were too keen at first and we had to damp down their enthusiasm.

②의 예

Please damp the air supply down .

(제발 공기 공급을 줄여라.)

The fire had been damped down but not extinguished.

(그 불길이 줄어들었지만 꺼지지는 않았었다.)

Don't forget to damp down the campfire before going to bed.

(자러 가기 전에 모닥불을 줄이는 것을 잊지버리지 마.)

Damp down the air supply or you are going to end up with a raging inferno.

③의 예

The police have just damped down an agitation.

(경찰이 막 소동을 가라앉혔다.)

His hand moved to his mouth as he tried to damp down the

panic.

(그는 공포심을 가라앉히려 손을 입으로 가져갔다.)

The last thing the economy needs is an increase in interest rates to damp down inflation.

(인프레를 잡기 위한 마지막으로 취할 수 있는 경제적 필요 조치는 이자율을 올리는 것이다.)

She tried to damp down her feelings of despair.

The latest increase in interest rates has damped down activity in the housing market.

④의 예

Please damp down the clothes first.

(먼저 그 옷들을 축축하게 해라.)

Damp the clothes down before you iron them.

(자네가 다리미질을 하기 전에 그 옷들을 축축하게 해라.)

Open greenhouse doors and windows but increase humidity by damping down.

(온실 문과 창문을 열어라. 그러나 축축하게 함으로써 습도를 늘려라.)

The best way to lay the dust is to damp the floor down, and then rub it all over with a cloth.

〈humid의 경우〉

It's hot out－very hot, very humid.

(밖은 더워. 너무 덥고 아주 습해.)

The island is hot and humid in the summer.

(그 섬은 여름에는 덥고 습하다.)

These plants love warm, humid atmospheres.

(이 식물들은 따뜻하고 습기가 많은 곳을 좋아한다.)

Visitors can expect hot and humid conditions.

(방문객들은 덥고 습한 날씨를 예측할 수 있다.)

It is warm and humid all year round in Panama.

(파나마는 일 년 내내 따뜻하고 습합니다.)

These ferns will grow best in a humid atmosphere.

(이 양치류들은 습한 환경에서 가장 잘 자란다.)

It is dense, still, insecty, unbearably hot, unbearably humid and jungly.

(그건 빽빽하고, 고요하고, 벌레가 많고, 참을 수 없을 정도로 덥고, 견딜 수 없게 습하며 밀림같다.)

I didn't expect Singapore to be so humid.

The air in tropical forests is extremely humid.

It isn't excessively hot, veering between 22 and 32C, but it's humid and tropical.

5 subconscious와 unconscious의 차이

subconscious는 "잠재의식적인"이란 뜻이다. unconscious는 ① "의식을 잃은, 의식이 없는", ② "(감정 · 생각 등이) 무의식적인, 부지불식간의, 무심결의"와 ③ "(~을[를] 의식하지[깨닫지] 못하는, ~을[를] 알아차리지 못하는"이란 뜻으로 쓰인다. subconscious는 '사람이 인식하지 못하고 마음에 존재하거나 일어나고 있는 생각이나 욕망의 경우'에 쓰인다. unconscious는 '특별히 아프거나 머리를 얻어 맞아 잠자는 것과 같은 상태의 사람의 경우'에 쓰인다.

〈subconscious의 경우〉

subconscious desires(잠재의식적인 욕망), the subconscious mind(잠재의식적인 마음)

Most of what we do is subconscious.

(우리가 하는 대부분의 것은 잠재의식적으로 행하는 것이다.)

I think our creativity is subconscious.

(나는 우리의 창의성은 잠재의식적이라고 생각한다.)

She has a subconscious fear of water.

(그녀에게는 물에 대한 잠재의식적인 공포가 있다.)

Almost everything we do is subconscious.

(우리가 하는 대부분의 행동들은 잠재의식 속에서 이루어진다.)

He caught her arm in a subconscious attempt to detain her.

(그는 잠재의식적으로 그녀를 붙들려 하며 그녀의 팔을 잡았다.)

The subconscious self is the subject matter of many modern novelists.

(잠재의식적인 자아는 많은 현대 소설가의 소재가 되어 있다.)

Remember, your subconscious mind is activated and programmed by mental pictures.
(여러분의 무의식적인 마음은 활성화가 되고 정신적으로 만들어진 그림으로 인해 프로그램화 된다는 것을 기억하세요.)
Your body breathed a big, subconscious sigh of relief.
Denying your subconscious desires is really bad for your health.
His dream about crossing the ocean single-handed probably arose from a subconscious desire for fame.

◈ subconscious는 형용사 이 외에 명사 "잠재의식"이란 뜻으로 쓰인다.
the subconscious(잠재의식)
The subconscious is a powerful thing.
(그 잠재의식은 강력한 것입니다.)
Her answer seemed to come from the subconscious.
(그녀의 대답은 잠재의식에서 나온 것처럼 보인다.)
Her subconscious still bears the wounds of having been abandoned by her parents.
(그녀의 잠재의식 속에는 부모에게 버림받았다는 상처가 남아 있다.)
The drama continued running in her subconscious all day.

〈unconscious의 경우〉

①의 예
They beat him unconscious.
(그들이 그를 때려서 의식을 잃게 만들었다.)
She was knocked unconscious.
(그녀는 (그것에) 맞고 의식을 잃었다.)

He has been unconscious for three days.

(그는 삼일째 무의식 상태에 있다.)

The young man flopped back, unconscious.

(그 청년은 뒤로 쿵 넘어지면서 의식을 잃어버렸다.)

He had drunk himself unconscious on vodka.

(그는 보드카를 마시고 인사불성이 되었었다.)

They found him lying unconscious on the floor.

(그들은 의식을 잃고 바닥에 누워[쓰러져] 있는 그를 발견했다.)

By the time the ambulance arrived he was unconscious.

(구급차가 도착했을 때 그는 의식 불명이었다.)

Mark was lying unconscious but with no outward sign of injury.

The cleaner found him lying unconscious on the bathroom floor.

A man walked in off the street and fell flat on his face, unconscious.

②의 예

unconscious desires(무의식적인 욕망)

Though I was unconscious I could hear.

(의식하지 않았지만 나는 들을 수 있었다.)

It was an unconscious slip of the tongue.

(그것은 부지중에 말 한 실수였다.)

The brochure is full of unconscious humour.

(그 책자는 부지불식간에 유머를 가득 담고 있다.)

Indeed, it appears that babies have more capacity for unconscious memories.

(사실, 아이는 무의식의 기억을 담을 수 있는 더 많은 능력이 있는 것으로 나타난다.)

The patient is deeply relaxed while the therapist talks to the unconscious mind.
(그 환자는 치료사가 무의식의 마음에 말하는 동안 아주 편안하게 있습니다.)
The conscious and unconscious actions of man are what precipitates events and future actions.
(사람의 의식적이고 무의식적인 행동이 사건들과 미래의 행동을 촉진하는 것이다.)
In 1900 he wrote The Interpretation of Dreams, which describes how people's dreams can express unconscious desires.
(천구백 년에 그는 『꿈의 해석』을 썼는데 이것은 사람의 꿈이 어떻게 무의식적 욕망을 드러내는지에 대해 설명할 수 있다.)
Little unconscious gestures that reveal the cards in their hands.
He used the unconscious process in determining human behavior.
Hypnosis can alter this consciousness and embed the opposite belief in the unconscious part of the brain.

③의 예

I am unconscious of having said so.
(나는 그렇게 말한 기억이 없다.)
He was quite unconscious of the danger.
(그는 그 위험을 전혀 깨닫지 못했다.)
She is unconscious of the effect she has on people.
(그녀는 자기가 사람들에게 미치는 영향을 의식하지 못한다.)
He himself seemed totally unconscious of his failure.
(그 자신은 자기의 실패를 전혀 모르는 것 같아 보였다.)

Mrs. Wiggs was apparently unconscious of the sensation she was causing.

(윅스 여사는 자기가 일으키고 있는 물의를 모르고 있는 모양이었다.)

Of course you are unconscious of this effect since the irritation is minimal.

(자극이 미미하기 때문에 물론 이런 영향을 당신은 못 느낄 수 있다.)

And the nation had been very unconscious of the influenza's deadly effects.

(그리고 나라는 이 독감의 치명적인 효과에 대해 인식하지 못하고 있었다.)

But Mr Lee appeared to be quite unconscious of the full significance of his discovery.

(하지만 이씨는 그의 발견의 완전한 의미를 전혀 깨닫지 못하는 것처럼 보였다.)

He himself seemed totally unconscious of his failure.

Mr. Battersby was apparently quite unconscious of their presence.

Parents are often quite unconscious of the ways in which they influence their children.

◈ unconscious는 형용사 이 외에 명사 "무의식"이란 뜻으로 쓰인다.

the unconscious(무의식)

A coma is a state of unconsciousness.

(혼수상태는 의식불명의 한 상태이다.)

It's all part of a cosmic unconsciousness.

(그것은 어마어마한 무의식 상태의 모든 부분이다.)

He knew that he might soon lapse into unconsciousness.

(그는 자기가 곧 의식 불명 상태에 빠질 수도 있다는 것을 알았다.)

Reduced blood flow to your brain causes unconsciousness.
(뇌에 혈액순환이 원활하지 않으면 의식을 잃을 수도 있다.)
Upon being discovered, Betty falls into a state of unconsciousness.
(발견되자마자 베티는 무의식 상태로 빠져든다.)
When I write I'm writing from my unconscious.
The injured man tried to speak but soon drifted into unconsciousness.

익힘문제

* 다음 글에서 틀린 부분이 있으면 고쳐 쓰세요.

1. Basement flats are often dark and moist.

2. The earnest students never missed a class.

3. The summer in Japan is very hot and damp.

4. My actual job involved a lot of administration.

5. I know that Dad will be delightful if you can come.

6. The drive of the car was taken to hospital subconscious.

7. It toucheson something mythic, something in your unconscious.

8. He was living in a cold basement flat which had humid waits and almost no furniture.

9. We'd like to know more about the actual crisis (Not the economic problems of the past).

10. We went to see the "Valley of the Kings", where the grave of Tut-mah-Amun was found.

ANSWERS

1. Basement flats are often dark and damp.
2. The serious students never missed a class.
3. The summer in Japan is very hot and humid.
4. My present job involved a lot of administration.
5. I know that Dad will be delighted if you can come.
6. The drive of the car was taken to hospital unconscious.
7. It touches on something mythic, something in your subconscious.
8. He was living in a cold basement flat which had damp waits and almost no furniture.
9. We d like to know more about the present crisis (Not the economic problems of the past).
10. We went to see the Valley of the Kings , where the tomb of Tut-mah-Amun was found.

PART 4

부사

1 forever와 for ever의 차이

1 forever와 for ever의 차이

forever와 for ever는 뜻도 비슷하고 모양도 비슷하여 겉으로 별 차이가 없어 보인다. forever는 '영원히, 아주 오랜 시간, 쉴 새 없이, 끊임없이, 내내[줄곧]'(=continually; all the time)라는 뜻으로 쓰인다. for ever는 '영원히, 영구히, 언제 까지나 영원히'(= for always)라는 뜻으로 기간과 더 많이 관련되어 쓰인다.

〈forever의 경우〉

The old social order was gone forever.
(구 사회 질서는 영원히 사라졌다.)
It seemed as if she'd been gone forever.
(마치 그녀가 아주 가 버린 것 같았다.)
I think that we will live together forever.
(나는 우리가 영원히 함께 살 수 있을 거라고 생각해.)
After her death, their lives changed forever.
(그녀가 죽은 후 그들의 삶은 영원히 달라졌다.)
She's forever going on about how poor they are.
(그녀는 그들이 얼마나 가련한지 끊임없이 지껄여 댄다.)
I'm forever on a diet, since I put on weight easily.
(나는 체중이 쉽게 불기 때문에 항상 다이어트를 한다.)
Just keep telling yourself that it won't last forever.
(그저 스스로에게 이런 일이 영원히 지속되지는 않을 거라는 말을 계속 해라.)
He is forever asking me for more pocket money.
They didn't cost anything and they lasted forever.
I will forever be grateful for his considerable input.

〈for ever의 경우〉

We promised to stay friends for ever.

(우리는 영원히 친구로 지내기로 약속했다.)

He said he would love her for ever (and ever).

(그는 언제까지나 영원히 그녀를 사랑하겠다고 했다.)

I wanted to shut John out of my life for ever.

(나는 존을 내 삶에서 완전히 제외시켜 버리고 싶었다.)

He deserves to be locked up for ever for what he did.

(그는 그런 짓을 했으니 영원히 가둬 놓아야 마땅해.)

I didn't want to be low man on the totem pole for ever.

(나는 영원히 계급 제도의 밑바닥 인물로 있고 싶지 않았다.)

Why should one want to live out such a dull life for ever?

(누군들 그런 무미건조한 삶을 영원히 살고 싶어 하겠느냐?)

The mystique surrounding the monarchy has gone for ever.

(군주제를 둘러싼 신비로움은 영원히 사라졌다.)

If you do this, I'll hate you for ever.

He promised that he would love me for ever and a day.

It was great fun but we knew it wouldn't go on for ever.

익힘문제

* 다음 글에서 틀린 부분이 있으면 고쳐 쓰세요.

1. Nobody lives forever.

2. But the good times couldn't last for ever.

3. Do you wanna stay there forever and ever?

4. We are not forced to stay together forever.

5. I'm starting to wish we could stay for ever.

* 다음 영문을 한글로 옮기세요.

6. Our luck couldn't hold forever.

7. The truth cannot be hidden forever.

8. We'll keep our companionship forever.

9. What is foolish is to rule out joining for ever.

10. It was an event which changed our lives for ever.

ANSWERS

1. Nobody lives for ever.
2. But the good times couldn t last forever.
3. Do you wanna stay there for ever and ever?
4. We are not forced to stay together for ever.
5. I m starting to wish we could stay forever.
6. 우리의 행운이 영원히 지속될 수는 없었다.
7. 진실은 영원히 숨겨질 수 없다.
8. 우리는 우리의 우정을 영원히 간직할 것이다.
9. 어리석은 것은 적응하는 것을 영구히 배제하는 것이다.
10. 이건 내 인생을 완전히 바꾼 사건이었다.

PART 5

기타

1 after all과 in the end의 쓰임새

2 as의 쓰임새

3 day after day와 day by day의 차이

1 after all과 in the end의 차이

after all은 ① “(예상과는 달리) 결국에는”과 ② “어쨌든(설명 · 이유를 덧붙일 때)”이란 뜻으로 쓰인다. 그리고 in the end는 ① “마침내”와 ② “결국[다 따지고 보면]”이란 뜻으로 쓰인다. 그런데 after all 은 ‘계획되거나 기대되거나 믿고 있었던 것에도 불구하고’와 ‘고려해야 하는 사실을 누군가에게 상기시켜주기 위해’ 쓰인다. 그런데 in the end 는 ‘어떤 것의 결과나 결실을 소개하기 위해’ 쓰인다.

〈after all 의 경우〉

①의 예

So you made it after all !

(그래 네가 결국에는 (그것을) 해냈구나!)

You deserve a rest after all that hard work.

(그렇게 힘든 일을 했으니 당신은 쉴 자격이 있어.)

He could not, after all, stop all the evil in the world.

(결국 그가 세상의 모든 악을 막을 수는 없는 일이었다.)

She decided on reflection to accept his offer after all.

(그녀는 심사숙고한 끝에 결국 그의 제의를 받아들이기로 결심했다.)

Well, I guess we’re really gonna have a wedding after all.

(음, 나는 결국에는 우리가 결혼할 것 같아.)

He managed to buy a car after all—and a nice one at that.

(그가 결국 차를 한 대 사게 되었어. 그것도 멋진 차로.)

Much to our annoyance, they decided not to come after all.

(우리로서는 정말 짜증스럽게도 그들이 결국은 안 오기로 결정을 했다.)

It was actually quite fun after all.

You must be hungry after all that walking.

I’m sorry to hear that you won’t be coming to London after all.

②의 예

Maybe dreams can come true, after all.

(어쩌면 결국에는 꿈이 실현될 수도 있습니다.)

It doesn't look as if we'll be moving after all.

(마치 우리가 결코 이사를 가지 않을 것 같다.)

He should have paid. He suggested it, after all.

(그가 돈을 냈어야지. 어쨌든 그가 제안을 한 거니까.)

After all, feeling many different emotions is natural!

(어쨌든 다양한 감정을 느끼는 건 자연스러운 거니까!)

After all, 15 minutes of exercise is better than nothing.

(사실 15분이라도 운동을 하는 것이 하지 않는 것보다는 낫다.)

After all, you're going to be spending a lot of time there.

(어쨌든 그곳에서 대부분의 시간을 보내게 될 테니까요.)

Things weren't so bad, after all. I was among friends again.

(어쨌든 사정이 그리 나쁘지는 않았다. 나는 다시 친구들과 어울렸다.)

He should have paid. He suggested it, after all.

Why are you so upset about losing? After all, it's only a game.

I'm not surprised you're tired. After all, you didn't get any sleep last night.

〈in the end의 경우〉

①의 예

It will all sort itself out in the end.

(그것이 결국에는 모두 저절로 해결될 것이다.)

It won't be easy but we'll win through in the end.

(그것이 쉽지는 않을 것이다. 하지만 우리는 결국 해낼 것이다.)

In the end, it was an easy delivery: a fine baby boy.

(결국 순산을 해서 건강한 사내아이를 낳았다.)

In the end I just couldn't kick Jimmy when he was down.

(결국 난 넘어진 지미에게 발길질을 할 수는 없었다.)

I'm sure he'll admit he was in the drug racket in the end.

(결국 그가 불법 마약 거래 사실을 시인할 것으로 나는 확신한다.)

He tried various jobs and in the end became an accountant.

(그는 온갖 직업을 시도하다가 마침내 회계사가 되었다.)

In the end, we all decided to organize a concert for Easter.

(결국, 우리 모두는 부활절 콘서트를 조직하기로 결정했다.)

In the end United won by three goals to two.

We caught the bus in the end but it was close.

In the end only three points separated the two teams.

②의 예

In the end, wiser counsels prevailed.

(결국 더 현명한 충고가 우세했다.)

But in the end, it was all about the music.

(하지만 결국은 음악이더라고요.)

But in the end, they're both still just acting.

(그러나 결국은 모두 연기일 뿐입니다.)

In the end they lose millions, perhaps billions.

(결국 그들은 수백만, 어쩌면 수십억의 손해를 봤다.)

But in the end, he decided not to leave Manchester United.

(하지만 결국, 그는 맨체스터 유나이티드를 떠나지 않기로 결심했다.)

It was her sheer persistence that wore them down in the end.

(결국 그들이 무너진 것은 그녀의 순전한 고집 때문이었다.)

You can try your best to impress your interviewers but in the end it's often just a question of luck.
(면접관에게 깊은 인상을 주기 위해 갖은 노력을 다할 수도 있겠지만 결국 그저 운수소관인 경우가 많다.)
What I'm saying is, in the end, it doesn't matter.
In the end, I wasn't just protected but locked up.
Exercising regularly will pay dividends in the end.

▶ at the end는 '어떤 것이 끝나는 지점에 대해 언급할 때' 쓰인다.
They are at the end of their food supply.
(그들은 식량이 거의 다 떨어졌다.)
The hospital closed at the end of last year.
(그 병원은 작년 말에 문을 닫았다.)
The results are due at the end of the month.
(그 결과가 이달 말에 나올 예정이다.)
At the end of the interview I was dazed and exhausted.
(인터뷰를 마치자 나는 멍한 상태로 힘이 쭉 빠졌다.)
The stadium emptied at the end of the first day of games.
(그 경기장은 첫날의 경기가 끝나고 비어 있었다.)
The offer closes at the end of the week.
Work always piles up at the end of the year.

◈ at (long) last는 "(많은 지체 · 노력 등이 있은 후에) 마침내[드디어]"라는 뜻으로 쓰이는데, '어떤 것을 기다리거나 하려고 오랜 기간 후'의 경우나 '어떤 일이 오랜 시간 뒤에, 특히 약간의 애로나 지연 뒤에 있게 됨을 나타낼 때' 쓰인다. 이와 같은 경우로 쓰이는 것으로 eventually(결국, 종내)가 있다.

At last we're home!
(드디어 우리가 집에 왔어!)
At long last the check arrived.
(한참 지난 후 마침내 수표가 도착했다.)
At last he had his very own car.
(마침내 그는 바로 자신만의 차를 갖게 되었던 것이다.)
At last they were able to feel secure about the future.
(마침내 그들은 미래에 대해 안심할 수 있었다.)
At last, after twenty hours on the boat, they arrived at their destination.
(배에서 스무 시간을 보낸 뒤에 마침내 그들은 목적지에 도착했다.)
Do you mean that you've really stopped smoking at last?
I can't believe that we're actually getting on the plane at last.

▶ eventually 의 예

I'll get round to mending it eventually .
(내가 결국에는 그것을 수리하게 될 것이다.)
Our flight eventually left five hours late.
(우리 비행기는 결국 다섯 시간 늦게 출발했다.)
He eventually rose to the rank of captain.
(그는 결국 대위 계급까지 올라갔다.)
Eventually I broached the subject of her early life.
(결국 나는 그녀의 젊은 시절 이야기를 꺼냈다.)
She hopes to get a job on the local newspaper and eventually work for 'The Times.'
(그녀는 지역 신문사에 취직을 했다가 종내에는 '타임스'에서 일하기를 희망한다.)

When the bus finally arrived it was full up.

Eventually the baby stopped crying and we managed to get some sleep.

◈ finally (마지막으로, 최종적으로, 마침내)와 lastly (마지막으로, 끝으로)는 문장의 처음에 '연설이나 회담이나 에세이 등에서 마지막 주장[의견]을 소개하기 위해' 쓰이거나 '무엇의 목록에 열거된 것 가운데 또는 자기가 제기한 요점들 가운데 맨 마지막 것을 소개할 때' 쓰인다.

Finally it was time to say good-bye to the teachers.

(마침내 선생님들과 작별할 시간이 됐습니다.)

He had finally accomplished his dream of becoming a pilot.

(그는 마침내 비행사가 되는 꿈을 이룬 참이었다.)

And finally, I would like to thank you all for coming here today.

(그리고 마지막으로, 오늘 여기 와 주신 데 대해 여러분들 모두에게 감사를 드리고 싶습니다.)

And finally, a word about the winner and runner-up.

Lastly, don't spend too much time outside.

(마지막으로, 밖에서 너무 많은 시간을 보내지 마세요.)

Lastly, I'd like to ask you about your plans.

(마지막으로, 선생님의 계획에 대해 여쭙고 싶습니다.)

Lastly, I would like to thank my parents for all their support.

(마지막으로, 저의 부모님께 전적으로 지지해 주신 데 대해 감사를 드리고 싶습니다.)

And lastly, a very big thank-you to Tony, William, Deborah and Bethan.

▶ lastly는 "(다른 일을 다 한 뒤에) 마지막으로, 끝에"라는 뜻으로 '일련의 행동에서 마지막 행동을 소개할 때'도 쓰인다.

Lastly, add the lemon juice.

(마지막으로 레몬 주스를 넣어라.)

Lastly, place red beans and cereals on the top of the ice.

(마지막으로, 팔과 시리얼을 얼음 맨 위에 놓습니다.)

She showed us the new dress, then the house, and lastly the shoes.

(그녀는 우리에게 새 옷과 집 그리고 마지막으로 신발들을 보여주었다.)

They wash their hands arms and faces, and lastly, they wash their feet.

2 as의 쓰임새

as는 전치사, 부사와 접속사로 다양하게 쓰인다. 그렇기 때문에 특히 독해를 하는 경우에 어떻게 해석을 해야 될 지에 대해 혼동을 일으키는 경우가 많다. 그렇지만 as의 쓰임새를 이해하고 있으면 이런 어려움은 거의 생기지 않을 것이다.

〈접속사의 경우〉

as가 접속사로 쓰이는 경우는 기본적으로 as 다음에 주어+동사가 뒤따라야 한다. as가 접속사로서 ① "…하는 동안에", ② "…대로", ③ "… 때문에, -아서[-어서/므로]", ④ "-다시피[-듯이]"와 ⑤ "-이긴 하지만"(=though)라는 뜻으로 쓰인다.

①의 예

* 이 경우 as는 시간과 관련된다.

As I get older, I get more pessimistic.

(나는 나이가 들어가면서 점점 염세적으로 된다.)

He sat watching her as she got ready.

(그녀가 준비하는 동안 그는 앉아서 그녀를 지켜보고 있었다.)

As he grew older she gained in confidence.

(그녀는 나이가 들면서 자심감이 커졌다.)

Another policeman has been injured as fighting continued this morning.

②의 예

* 이 경우 as는 모양과 상태를 나타내는 양태와 관련된다.

They did as I had asked.

(그들은 내가 부탁한 대로 했다.)

Leave the papers as they are.

(그 서류들을 그대로 놔둬.)

She lost it, just as I said she would.

(그녀는 내가 그럴 거라고 말한 꼭 그대로 그걸 잃어버렸다.)

Leave things as they are until the police arrive.

③의 예

* 이 경우 as는 이유와 관련된다.

As you were out, left a message.

(네가 외출하고 없어서 내가 메시지를 남겼어.)

As he often lies, I don't like him.

(나는 그가 자주 거짓말을 하니까 싫다.)

She may need some help as she's new.

(그녀는 새로 왔으므로 도움이 좀 필요할지도 모른다.)

Enjoy the first hour of the day. This is important as it sets the mood for the rest of the day.

④의 예

She's very tall, as is her mother.

(그녀는 키가 아주 크다. 자기 어머니가 그렇듯이.)

As you know, Julia is leaving soon.

(너도 알다시피 줄리아가 곧 떠나.)

As you all know, our first quarter profits were not good.
(당신도 알다시피 일사 분기 수익이 좋지 않습니다.)
As you can see, we're still working.

⑤의 예

* 이 경우 as는 양보와 관련된다. 이 때 글의 어순은 뒤집혀진다.

Try as he might, he couldn't open the door.
(아무리 애를 써도 그는 그 문을 열 수 없었다.)
Happy as they were, there was something missing.
(그들은 행복하긴 했지만 뭔가가 부족했다.)
As smart as Jake is, he doesn't know how to manage people well.
(제이크는 총명하지만 그는 사람들을 잘 다루는 방법을 모른다.)
Unlikely as it might seem, I'm tired too.

◈ as가 접속사로 위에 제시한—④의 예의 일부와 ⑤의 예—뒤집어지는 [도치되는] 경우에 주의를 기울여야 한다.

〈전치사의 경우〉

as가 전치사로 쓰이는 경우에는 기본적으로 as 다음에 명사가 뒤따라야 한다. as가 전치사로서 ① "…처럼[같이]"과 ② "(자격 · 기능 등의) …로(서)"라는 뜻으로 쓰인다.

①의 예

His hair was as white as snow.
(그의 머리는 눈처럼 새하얬다.)

Her mouth felt as dry as a bone.
(그녀는 입 안이 바싹 말라붙은 느낌이었다.)
They were all dressed as clowns.
(그들은 모두 광대같이 옷을 입고 있었다.)
The bomb was disguised as a package.
(그 폭탄은 소포처럼 위장되어 있었다.)
The road continues as straight as an arrow.
She loved singing as a child and started vocal training at 12.

②의 예

Treat me as a friend.
(나를 친구로 대해 줘.)
She works as a courier.
(그녀는 여행 안내원으로 일한다.)
I respect him as a doctor.
(나는 그를 의사로 존경한다.)
The news came as a shock.
(그 소식은 충격으로 다가왔다.)
You can use that glass as a vase.
She had been there often as a child.

〈부사의 경우〉

as가 부사로 쓰이는 경우에는 as... as... 형태가 자주 쓰인다. as가 부사로서 ① "…만큼 …한"과 ② "…하는 것과 같이, -듯이"라는 뜻으로 쓰인다. 부사로 쓰인다는 것은 as가 동사, 형용사와 또 다른 부사를 꾸며준다는 뜻이다.

①의 예

* 이 경우 as... as...형태로 된다. 이런 형태는 기본 비교(동등 비교)라고 볼 수 있다.

You're as tall as your father.

(네 키가 아버지만큼 크구나.)

He was as white as a sheet.

(그는 (얼굴이) 백지장처럼 새하얗다.)

He doesn't earn as much as me.

(그가 돈을 나만큼 많이 벌지는 못한다.)

She doesn't play as well as her sister.

(그녀는 언니[동생]만큼 (연주/운동을) 잘하지 못한다.)

I haven't known him as long as you.

(내가 그를 안지가 너만큼[네가 그를 안 것만큼]은 오래 되지 않았다.)

It's not as hard as I thought.

We'd like is as soon as possible.

②의 예

As always, he said little.

(늘 그랬듯이 그는 별 말이 없었다.)

The 'h' in honest is silent, as in 'hour'.

(hour에서와 같이 honest에서도 h는 묵음이다[소리가 나지 않는다].)

As always, Peter had a reason for his action

(언제나처럼, 피터는 자신의 행위에 대한 이유가 있었다.)

His throws were long, hard and accurate, as always.

(그의 투구는 항상 그렇듯이 길고, 세며, 명중률이 높았다.)

The next day, rain or no rain, it was business as usual.

(그 다음 날, 비가 오든 안 오든, 사정은 달라진 게 없었다.)

As always, we went straight to the experts for advice.
The next day, rain or no rain, it was business as usual.

◈ as가 숙어로 쓰이는 경우에는 as against sth…, as and when, as for sb/sth, as from.../as of..., as if/though, as it is, as it were, as to sth/as regards sth과 as you do가 있다.

▶ as against sth… : as against sth은 "~과 대조적으로[~에 비해]"란 뜻이다.

It is nothing to do with advocating war as against peace.
(평화를 지지하는 것과 대조적으로 전쟁을 지지하는 것은 아무 관련이 없다.)
They got 27% of the vote as against 32% at the last election.
(그들은 지난 선거의 삼십이 퍼센트와는 대조적으로 이십칠 퍼센트 득표를 했다.)
The duty for red diesel is about 17p per litre as against 70p.
British schools are affected in respect of science, as against 12 per cent.

▶ as and when : as and when은 "…하게 되는 대로"란 뜻이다.

Finish the work as and when.
(일을 가능한 한 빨리 마쳐라.)
I'll tell you more as and when.
(때가 되는 대로 이야기를 더 해 줄게.)
We'll decide on the team as and when we qualify.
(우리가 자격을 인정하게 되는 대로 그 팀으로 결정을 할 것이다.)

The sum shall be payable as and when it is used.

She simply helps people as and when she's asked.

▶ as for sb/sth : as for sb/sth은 "~에 대해서 말하자면"(=regarding)이란 뜻이다.

As for Joe, she's doing fine.

(조에 대해서 말씀드리자면, 잘 하고 있어요.)

As for his job - well, he was very mysterious about it.

(그는 자기 직업에 대해 말을 아꼈다.)

As for food for the party, that's all being taken care of.

(파티의 음식에 관해서라면, 지금 온통 신경을 쓰고 있는 것이 그 일입니다.)

As for hot springs, I've never been to one,

As for avoiding you, nothing could be further from my mind.

▶ as from.../as of... : as from.../as of는... "…일자로, …현재"란 뜻이다.

Our fax number is changing as from May 12.

(저희 팩스 번호가 오 월 십이 일자로 바뀝니다.)

The agreement will be in vigor as from April 1.

(그 협정은 사 월 일 일부터 유효하다.)

As from next week this rule will come into effect.

(다음 주 후부터 이 규칙이 효력이 있다.)

As from today you will be in charge of the Sales Department.

(오늘 이후로 너는 판매부를 담당한다.)

I hope that as from today it changes course.

The agreement will be effective as from April 1.

The new law is in effect as of tomorrow.

(그 새 법은 내일부터 실시된다.)

We have a new family member as of yesterday!

(우리에게는 어제 로서 새로운 식구가 생겼단다!)

As of April first, employees will be paid bimonthly.

(사 월 일 일자로 직원들의 급여는 격주로 지급된다.)

As of now they are still missing.

As of 2001, the average tariff on imports was about 13.8%.

▶ as if/though: as if/though는 "마치 -인듯이[-인 것처럼]"란 뜻이다.

He behaved as if nothing had happened.

(그는 마치 아무 일도 없었던 듯이 행동했다.)

It's my birthday. As if you didn't know!

(오늘은 내 생일이야. 넌 마치 몰랐던 것 같군!

He did not sound as if he believed her.

(그가 그녀를 믿는 것처럼 들리지 않았다.)

He acted as if he hadn't heard any of it.

It felt as if we had reversed our roles of parent and child.

It sounds as though you had a good time.

(네가 즐거운 시간을 보낸 것 같군.)

She felt as though she was on the threshold of a new life.

(그녀는 자신이 새로운 삶의 문턱에 서 있는 것 같은 기분을 느꼈다.)

It was a curious feeling, as though we were floating on air.

(그것은 기이한 느낌으로 우리가 마치 공중을 떠다니는 것 같았다.)

He pretends as though he were innocent.

(그는 마치 아무 죄도 없는 체한다.)

He looks as though he hasn't had a square meal for weeks.
(그는 몇 주 동안 제대로 된 식사 한 번 못한 것 같이 보인다.)

▶ as it is: as it is는 "현 상황에서는[지금 실정으로는]"이란 뜻이다.

I can't help—I've got too much to do as it is.
(난 도울 수가 없어. 지금 현재로도 할 일이 너무 많아서.
I hope my job's safe. Life is hard enough as it is.
(난 내 직장이 안정적이면 좋겠어. 사는 게 지금 이대로도 충분히 힘드니까.)
We were hoping to finish it by next week—as it is, it may be the week after.
(우리가 그 일을 다음 주까지 끝냈으면 했는데, 지금 실정으로서는 그 다음 주가 될 것 같다.)
I've borrowed too much from her as it is.
As it is, it's just sitting there costing him money

▶ as it were: as it were는 "말하자면[이를테면]"이란 뜻이다.

That is not nothing, as it were.
(그것은, 말 그대로, 무의미한 게 아닙니다.)
His life was, as it were, a succession of failures.
(말하자면 그의 인생은 실패의 연속이었다.)
Teachers must put the brakes on, as it were, when they notice students looking puzzled.
(교사들은 이를테면 학생들이 어리둥절해하는 것 같아 보이면 제동을 걸어야 한다.)
He's my boss, as it were.
We are the patients here, as it were.

▶ as to sth/as regards sth: as to sth/as regards sth은 "~에 관해서는[~은]"이란 뜻이다.

There's a limit as to what we can do.

(우리가 할 수 있는 것에는 한계가 있다.)

As to tax, that will be deduced from your salary.

(세금은, 당신 급료에서 공제됩니다.)

Everyone was curious as to why Mark was leaving.

(왜 마크가 떠나는지 모두가 궁금해 했다.)

I cannot assure you as to which side is better.

I hadn't a clue as to the meaning of "activism."

As regards procedures, two changes should be noted.

(절차와 관련하여, 두 가지 변경사항에 유의해야 한다.)

As regards the war, Haig believed in victory at any price.

(그 전쟁에 대해 헤이그는 어떠한 희생을 치러서라도 승리한다고 믿었다.)

As regards the expense involved, it is of no concern to him.

(거기에 드는 비용은 그가 신경 쓸 바가 아니다.)

As regards the other questions, I answered them when I spoke earlier.

As regards the question about universities, I shall accept that as a suggestion.

▶ as you do: as you do는 "그런 거 있잖아요(방금 한 말에 대해 덧붙이는 말)"란 뜻이다.

He smiled and I smiled back. As you do.

(그가 웃으니까 나도 웃어 준 거지. 그런 거 있잖아.)

And, as you do, we ended up in the pub.

(그리고 그런 거 있잖아. 우리는 퍼브에서 끝났어.)

More normal people feel, well, as you do.

(더많은 평범한 사람들이 느끼죠. 글쎄, 그런 거 있잖아요.)

The wrong things I suppose, as you do.

They must choose for themselves, as you did.

3 day after day와 day by day의 차이

day after day는 "매일같이[날마다](지겹거나 짜증스러움을 나타냄)"란 뜻으로 쓰이고, day by day는 "내내[줄곧]; 조금씩[서서히]"이란 뜻으로 쓰인다. day after day는 '(지겹거나 불쾌한 방식으로) 반복적으로 또는 계속해서 이루어지는' 경우에 쓰인다. day by day는 '점차적으로'(=gradually) 이루어지는 경우에 쓰인다.

〈day after day의 경우〉

The pain just continues day after day.
(하루하루가 정말 고통의 연속이다.)
She hates doing the same work day after day.
(그녀는 매일같이 똑같은 일을 하는 것을 싫어한다.)
Stock prices have been dropping day after day.
(주가는 연일 하강 곡선을 그리고 있다.)
Our neighborhood is becoming larger day after day.
(우리 동네는 나날이 커져가고 있어요.)
I get tired of listening to their complaints day after day.
(나는 날마다 그들의 불평을 듣는 데 질린다.)
With what patience the spider mended her web, day after day.
(매일매일 거미는 대단한 인내력을 가지고 거미줄을 쳤다.)
The newspaper job had me doing the same thing day after day.
(그 신문사에서 나는 매일매일 똑같은 일을 해야 했다.)
Day after day, this scene is repeated.
I'm not prepared to sit here day after day doing nothing.
I get fed up with listening to their complaints day after day.

<day by day의 경우>

Day by day his condition improved.

(조금씩 그의 상태가 좋아졌다.)

The situation is improving day by day.

(상황이 조금씩 개선되고 있다.)

Competition is getting hotter day by day.

(경쟁이 줄곧 치열해지고 있다.)

Traditional social values are eroding day by day.

(전통적인 사회 가치들이 조금씩 무너져가고 있다.)

We will muddle through and just play it day by day.

(우리는 하루하루를 그럭저럭 살아갈 것이다.)

Temperatures will be warming up gradually day by day.

(기온이 점차 조금씩 따뜻해 질 것이다.)

The operations which were to be short-lived are increasing day by day.

(단명하게 되는 수술들이 서서히 증가하고 있다.)

Their love grew day by day.

Day by day the weather is getting warmer.

Day by day I watched my mother slowly dying from dehydration.

◈ day by day는 "내내[줄곧]; 조금씩[서서히]"이란 뜻 이 외에 "나날이, 날로"라는 뜻으로도 쓰인다.

They're improving day by day.

(그들은 나날이 개선되고 있다.)

It is getting colder day by day.

(날씨가 나날이 추워지고 있다.)

Day by day the situation is improving.

(나날이 형편이 나아진다.)

It is day by day losing its importance.

(그것은 매일매일 그 중요성을 잃어가고 있다.)

Competition is getting hotter day by day.

(경쟁이 날이 갈수록 치열해지고 있다.)

We will muddle through and just play it day by day.

(우리는 하루하루를 그럭저럭 살아갈 것이다.)

The population in this neighborhood increases day by day.

(이 지역의 인구는 매일 증가하고 있다.)

So I lived depressed life day by day.

The situation grew worse day by day.

And global inequalities are deepening day by day.

◈ day와 관련된 숙어로는 all day, from day to day, in one's day, make one's day, one day, one of these days, one of those days, some day, these days와 to the day 등이 있다.

▶ all day : all day는 "하루 종일"이란 뜻이다.

The sun was shining all day.

(해가 하루 종일 비치고 있었다.)

I could sit and watch the river all day long.

(나는 강물을 바라보며 하루 종일이라도 앉아 있을 수 있을 것 같애.)

He's been acting the devoted husband all day.

(그가 하루 종일 헌신적인 남편처럼 굴고 있는 중이다.)

The kids seem to be guzzling soft drinks all day.

(아이들이 하루 종일 청량음료를 마구 마셔 대는 것 같다.)

The temperatures remained below freezing all day.

(기온이 하루 종일 영하에 머물렀다.)

What have you been doing all day?

I've been slogging around the streets of London all day.

▶ from day to day: from day to day는 "미래에 대한 생각이나 계획은 없이) 하루하루[그날그날], (상황이) 하루하루[나날이](변하다)"라는 뜻이다.

Your needs can differ from day to day.

(당신이 필요로 하는 것이 날마다 다를 수 있다.)

My mood seems to fluctuate from day to day.

(내 기분은 하루하루 변동을 보이는 것 같다.)

A baby's need for food can vary from day to day.

(아기가 원하는 음식은 하루하루 달라질 수 있다.)

They live from day to day, looking after their sick daughter.

(그들은 아픈 딸을 돌보며 그냥 하루하루를 살아간다.)

In summer, the weather varies considerably from day to day.

(여름에 날씨는 매일 매우 다르다.)

I know what it is like to live in poverty: to live from day to day.

The fascination of the light for the grey cub increased from day to day.

▶ in one's day: in one's day는 "~가 한창 때는, ~가 젊었을 적에는" 이란 뜻이다.

She was really lovely in her day.

(그녀는 젊었을 때에는 정말 예뻤었다.)

She had been a beauty in her day.

(그녀가 한창 때는 미인이었었다.)

She was a great dancer in her day.

한창때는 굉장한 무용수였다.)

In my day, there were plenty of jobs when you left school.

(내가 젊었을 적에는 학교만 마치면 일자리가 많았지.)

She was a stunning actress in her day and a graceful woman currently.

He had, in his day, been one of the greatest opera singers in the world.

▶ make one's day: make one's day는 "~의 하루를 행복하게 해주다"라는 뜻이다.

You make my day.

(당신 덕분에 즐거웠습니다.)

It sure would make my day!

(틀림없이 나의 하루를 즐겁게 해줄 거예요!)

The news really made my day.

(그 소식으로 나의 하루가 정말 즐거웠다.)

Thank you, you always make my day.

(고마워. 너 언제나 날 기쁘게 해.)

The phone call from Mike really made my day.

(마이크에게서 온 그 전화는 나의 하루를 정말 행복하게 해 주었다.)

She smiled at me which made my day too.

Thanks for sending me those flowers. It really made my day!

▶ one day: one day는 "언젠가[어느 날](미래의 어느 시기나 과거의 특정한 날을 가리킴)"라는 뜻이다.

One day, I'll be rich and famous.

(난 언젠가는 부자도 되고 유명해질 거야.)

My prayer is that one day he will walk again.
(내가 간절히 바라는 것은 그가 언젠가는 다시 걷게 되는 것이다.)
He'll be famous one day. What do you reckon?
(그가 언젠가는 유명인이 될 거야. 네 생각은 어때?)
I just live in hope that one day she'll talk to me.
(나는 언젠가 그녀가 나에게 말을 할 것이라는 희망만 품고 살고 있다.)
One day, he walked out of the house with a small bag and never came back.
(그는 어느 날 작은 가방 하나를 들고 집을 나가서는 다시는 돌아오지 않았다.)
Then one day his worst fears were confirmed.
One day, I want to leave the city and move to the country.

▶ one of these days: one of these days는 "조만간[머지않아]"이란 뜻이다.
Come and see me one of these days.
(조만간 나에게 한번 (놀러) 와라.)
I plan to throw it out one of these days.
(나는 조만간 그걸 내다 버릴 계획이다.)
I am going to leave this place one of these days.
(나는 조만간 이곳을 떠나야겠다.)
One of these days you'll come back and ask me to forgive you.
(당신이 머지않아 돌아와서 내 용서를 빌게 될 거야.)
I think you should introduce me to your new associates one of these days. (당신이 조만간 새 동료들을 저에게 좀 소개시켜 주셨으면 하는데요.)
One of these days I'll get around to buying a new car.

One of these days Israel will have to answer for its actions in the Middle East.

▶ one of those days: one of those days는 "일이 잘 안 풀리는 날"이란 뜻이다.

It's been one of those days!
(오늘은 정말 일이 잘 안 풀리는군!)
Today is one of those days.
(오늘은 일이 잘 안 풀리는 날이다.)
I am having one of those days.
(나는 오늘 일이 잘 안 풀리는 날이야.)
It's been one of those days when everything's gone wrong.
(모든 게 잘못될 때는 일이 잘 안 풀리는 날이다.)
This was one of those days where one small illness suddenly becomes an epidemic.
(이것은 작은 질병이 갑자기 전염병이 되기 시작한 매우 좋지 않은 날이다.)
It was one of those days when it was just mad.
This is one of those days when the witnesses outnumber the Members.

▶ some day: some day는 "(미래의) 언젠가"란 뜻이다.

Some day I'll be famous.
(언젠가는 내가 유명해지게 될 거야.)
I'd like to visit Germany some day.
(언젠가 나는 언젠가 가보고 싶다.)
I hope I can travel to the moon some day.

(나는 언젠가 달에 여행할 수 있기를 바란다.)
This new project will kill someone some day.
(언젠가는 새 프로젝트가 누군가를 잡을 거예요.)
Everyone including you and me will die some day.
(너와 나를 포함한 모든 사람이 언젠가 죽을 거야.)
I hope we meet again some day.
Some day computers will replace our television, radio, answering machine, and telephone.

▶ these days: these days는 "(과거와 비교해서) 요즘에는"이란 뜻이다.
It's all about money these days.
(요즘에는 돈이 최고다.)
They seldom watch television these days.
(그들이 요즘은 텔레비전을 거의 안 본다.)
The buses are absolutely hopeless these days!
(요즘은 버스들이 그야말로 엉망이에요!)
Teachers are up against some major problems these days.
(요즘 교사들은 몇 가지 중대한 문제에 봉착해 있다.)
These days we have more money and more leisure to enjoy it.
(요즘에는 우리가 돈도 더 많고 그것을 즐길 수 있는 여가도 더 많다.)
He's very busy these days.
These days kids grow up so quickly.

▶ to the day: to the day는 "정확히"(=exactly)라는 뜻이다.
She died ten years ago to the day.
(그녀가 죽은 지 정확히 십 년 전이다.)

It's been three years to the day since we met.

(우리가 만난 지 정확히 삼 년이다.)

It's ten years to the day since we first moved here.

(우리가 여기로 처음 이사한 지 정확히 십 년이다.)

Nineteen years ago, almost to the day, we lost three astronauts in a terrible accident on the ground.

(거의 꼭 십구 년 전, 우리는 지상에서의 끔찍한 사고로 인해 세 명의 우주비행사를 잃었다.)

On May 10, 1776—one year to the day since the Second Continental Congress had first met—a resolution was adopted calling for separation.

(제 이차 대륙회의가 열린 첫날부터 꼭 일 년이 되는 날인 천칠백칠십육 년 오월 십일 영국으로부터 분리 · 독립을 요구하는 결의안이 채택되었다.)

We left Spain one year ago to the day.

That was 75 years ago, almost to the day.

▶ to this day: to this day는 "오늘날까지, 지금[이날]까지도"(=until now)라는 뜻이다.

The controversy continues to this day.

(그 논쟁은 오늘까지도 계속되고 있다.)

His whereabouts is unknown to this day.

(이날에 이르기까지 그의 행방이 불명이다.)

The custom has descended up to this day.

(그 관습은 오늘날까지 전해 내려오고 있다.)

To this day, I still don't understand why he did it.
(나는 지금 이날까지도 아직 그가 왜 그랬는지 이해가 안 돼.)
The military government remains in power to this day.
(그 군사 정권은 오늘날까지 권력을 장악하고 있다.)
I haven't told him the whole story to this day!
To this day nobody has discovered the real reason for the assassination.

익힘문제

∗ 다음 글에서 틀린 부분이 있으면 고쳐 쓰세요.

1. Basement flats are often dark and moist.

2. The earnest students never missed a class.

3. The summer in Japan is very hot and damp.

4. My actual job involved a lot of administration.

5. I know that Dad will be delightful if you can come.

6. The drive of the car was taken to hospital subconscious.

7. It toucheson something mythic, something in your unconscious.

8. He was living in a cold basement flat which had humid waits and almost no furniture.

9. We'd like to know more about the actual crisis (Not the economic problems of the past).

10. We went to see the "Valley of the Kings", where the grave of Tut-mah-Amun was found.

ANSWERS

1. In the end I decided not to go.
   (* at the end는 어떤 것이 끝나는 지점에 대해 언급할 때 쓰인다.)
2. I was treated as if I was/were an old friend. 또는 I was treated like an old friend.
3. Some people watch television all day.
4. She looked at everyone as if she were their superior.
5. Day by day the world is becoming a better place.
6. These days many children have their own computer.
7. Men and women have to work in overcrowded offices day after day.
8. Finally, I would like to wish you all a very interesting and enjoyable stay.
9. We stopped for a meal on the way and in the end all we didn t arrive until midnight.
10. First we got stuck in a traffic jam and then our car broke down. In the end, we decided to cancel the trip and went back home.

찾아 보기

ㄱ. ㄴ. ㄷ......

가정법 251
구동사 35, 38, 43, 75, 83, 93, 121, 130, 185, 199, 289
동사 18, 20, 98, 148, 159, 169, 179, 182, 186, 192, 203, 211, 219, 227, 266, 287, 288
명령법 251
명사 11, 18, 39, 49, 88, 98, 109, 110, 116, 121, 128, 148, 186, 188, 203, 216, 220, 255, 264, 268, 282, 288, 294, 297
목적어 10, 98, 116, 194
문법 249
미국영어 22, 149, 150, 152
부사 270, 317, 320
수동태 10, 96, 98, 122, 137, 171
영국영어 149, 150, 152, 175
자주 쓰이는 동사 59
전치사 42, 82, 161, 171, 220, 317, 319
접속사 317, 319
준동사 93
직설법 251
진행형 59, 116
합성어 148, 149
형용사 88, 158, 221, 229, 251, 255, 263, 320

A.B.C......

ache 147, 148, 149, 151, 152, 153, 158, 159, 257
actual 109, 262, 270, 299, 338
actually 63, 163, 270, 271, 310, 314
advantage 160, 161, 162, 163, 164, 165
advise 85, 87, 88, 187
after all 270, 310, 311
as 19, 20, 22, 26, 29, 33, 37, 38, 47, 53, 66, 72, 75, 90, 92, 96, 103, 108, 129, 132, 133, 134, 139, 139, 140, 140, 141, 144, 145, 150, 153, 154, 157, 162, 165, 173, 178, 183, 190, 193, 205, 209, 210, 214, 228, 229, 251, 267, 272, 279, 280, 282, 284, 285, 287, 290, 304, 311, 317, 318, 319, 320, 321, 322, 323, 324, 325, 326, 327, 339
assurance 11, 12
assure 8, 9, 10, 11, 144, 145, 326
atmosphere 249, 253, 254, 255, 259, 264, 287, 292
atmospheric 255, 256
be derived from 113
be from 111, 112
bear 54, 55, 102, 145
beg 86
benefit 167, 168, 169, 170, 171, 257, 259
benefit by 172
benefit from 171
by car 173, 174

cancel 15, 16, 339
car 13, 19, 25, 42, 60, 68, 73, 76, 138, 161, 164, 173, 174, 175, 176, 189, 194, 201, 227, 243, 257, 259, 263, 299, 300, 333, 339
care 18, 19, 20, 21, 22, 23, 24, 25, 26, 28, 29, 30, 57, 62, 104, 143, 145, 200, 323
cause 141, 148, 154, 177, 178, 179, 180, 183, 184, 185, 222, 257, 278
change for 188, 190, 191
change in 39, 186, 187, 259
change of 186, 187, 188, 189, 192, 258
change of 190, 191
come from 111, 112, 113, 114, 115, 294
command 251
common verb 59
concern 167, 178, 184, 185, 277, 281, 282, 326
consequence 228, 229, 230
cry 31, 32, 33, 34, 35, 143, 145, 153, 287
current 262, 268, 269, 270, 272
damp 286, 287, 288, 290, 291, 299, 300, 338
damp가 289
delighted 76, 275, 300
delightful 274, 275, 299, 338
demand 85, 193
destroy 46, 47
doubt 170, 171, 182, 203, 204, 205, 207, 208, 209, 210, 211, 212, 213, 214, 215, 234, 257, 258, 259, 280
earnest 276, 277, 278, 299, 338
effect 38, 66, 69, 211, 216, 222, 223, 224, 225, 226, 227, 228, 259, 296, 297, 323, 324
endure 54, 55, 144
ensure 12
Finally 173, 339
finally 168, 175, 241, 277, 278, 315
for ever 304, 305, 306, 307
forever 54, 55, 304, 306, 307
get into the car 173
get out of the car 173
have 59
have done with 72
have had it 72, 73, 74
have it 69, 72, 75, 76, 79
in the end 76
in the end 215, 310, 311, 312, 313, 339
influence 66, 216, 217, 218, 219, 220, 221, 257, 258, 259, 297
influential 221, 253
insist 82, 83, 84, 85, 88
insistence 88
insistent 88, 89
insure 13, 14
involve 90, 91, 92, 93, 94, 190
job 9, 17, 19, 22, 48, 60, 74, 86, 90, 93, 104, 143, 145, 160, 165, 166, 179, 181, 217, 220, 228, 232, 233, 234, 235, 244, 259, 263, 265, 267, 276, 290, 299, 300, 314, 323, 328, 338
lastly 315, 316

lay 50, 98, 99, 100, 101, 102, 103, 104, 105, 108, 143, 291
lay down 95, 96, 97, 98, 106, 143, 145
lie 105, 106, 107, 108, 109, 110, 145, 245
lie down 95, 97, 98, 145
merit 160, 165, 166, 167
moist 286, 287, 338
moment 35, 136, 158, 163, 233, 240, 241, 242, 243, 244, 245, 246, 247, 248, 258, 259, 271, 272, 273, 280
mood 57, 155, 249, 250, 251, 257, 258, 259, 318, 331
moody 251, 252, 253
occupation 133, 232, 235, 236, 237, 258
originate 111
outcome 230, 231, 268
pain 36, 39, 41, 54, 55, 148, 150, 153, 154, 155, 156, 157, 158, 171, 328
phrasal verb 29, 35, 38, 43, 75, 83, 93, 121, 199, 289
postpone 15, 17
present 184, 208, 235, 241, 243, 244, 262, 263, 264, 265, 266, 267, 270, 300
profession 232, 237, 238, 239
propose 85, 87
raise 116, 117, 118, 119, 120, 121, 122, 123, 124, 128, 144, 180
realize 135, 136, 137, 141, 142, 143, 144
reason 177, 180, 181, 182, 183, 185, 187, 211, 212, 259, 270, 321, 337
recognize 135, 138, 139, 140, 141, 142, 145
recommend 13, 85, 87
request 85, 86, 267
require 85, 86, 190
result 182, 206, 228, 230
rise 116, 121, 124, 125, 126, 127, 128, 129, 130, 131, 132, 133, 134, 145, 179, 185
ruin 27, 46, 48, 49, 50
scream 31, 35, 36, 37, 38, 39, 40, 127, 145
serious 90, 91, 208, 213, 228, 229, 252, 258, 259, 278, 279, 280, 281, 300
shout 31, 40, 41, 42, 43
solemn 62, 276, 284, 285
spoil 25, 46, 51, 52, 53
stand 55, 56, 149, 154, 170, 272
subconscious 293, 294, 299, 300, 338
suffer from 54, 56, 57, 148
suffer with 54, 56, 57
suggest 85, 87
unconscious 293, 294, 295, 296, 297, 298, 299, 300, 338
uncountable noun 20
urge 85, 87, 88
weep 31, 44, 143

알쏭 달쏭 영문법 ④

초판인쇄 2017년 5월 15일
초판발행 2017년 5월 20일
지은이 **서용득**
발행인 윤태건
펴낸 곳 도서출판 **가람**
주소 경기도 파주시 성재길 1-40(당하동)
전화 031) 904-7905~6
팩스 031) 904-7907
등록번호 406-2016-000141
E-mail garam3322@naver.com
ISBN 979-11-959687-2-5 94740

정가 25,000원